85.-

Den Menschen
eine Freude machen
mit schönen Werken

Urs und Bernadette Hertli

Figuren und Gedichte

Benteli Verlag Bern

Bernadette Hertli: Zu meiner Person

Lebensläufe, fein säuberlich geordnet nach allen Äusserlichkeiten eines Lebensweges, sagen mir nicht viel. Entscheidend sind für mich innere Begebenheiten. Da gibt es Menschen, die einem begegnen, Augenblicke plötzlicher Erkenntnis, Entdeckungen, bestürzende Fragen, die unerwartet auftauchen, und Ideen voller Zündstoff, die im Buch, im Bild oder im Gespräch eines Tages an einen herangetragen werden. Darüber wird in den folgenden Kapiteln hauptsächlich die Rede sein.

Bekannte und Lehrer erzählen mir übereinstimmend, ich hätte als Kind meistens geträumt. Wer mit mir sprechen wollte, hätte mich von weit her herbeirufen müssen. Der damalige Zustand ist mir heute sehr wohl bewusst. Ich erträumte Zauberwelten als Gegenstück zu jener Welt, in die ich hineingestellt wurde. Darin lebte ich, darin bewegte ich mich, diese Welten waren wirklich für mich. Hinter alldem stand mein Ziel, mit meinen imaginären Welten den rauhen Alltag zu verklären und zu verwandeln. Allein, mit den Kräften eines Kindes kommt man unter so vielen vernünftigen grossen Leuten nicht sehr weit.

Eine Situation vermochte mich aber ganz unvermittelt ins Hier und Jetzt zu bringen: Mein Blick fiel auf etwas Schönes. Mit schön ist hier weniger die äussere Form gemeint als vielmehr jenes schwer beschreibbare Strahlen von innen heraus, welches selbst unscheinbare Gegenstände beseelen und beleben kann. Sooft ich konnte, pilgerte ich zu solchen ausgewählten Orten und konnte mich kaum satt sehen. Das Bedürfnis, die gemachten Entdeckungen meinen Mitmenschen mitzuteilen, war gross, allein, ich zog es dann doch vor, das Wissen für mich zu behalten. Einzig meine kleinen Geschwister weihte ich regelmässig in meine Entdeckungen ein.

Im Kindergärtnerinnenseminar rief uns die Deutschlehrerin des öftern zu: «So *denkt* doch endlich einmal!» Eines Tages wurden mir diese Aufrufe mit einem Schlag unheimlich klar. *Denken?* Ja, *denken!* Man kann wirklich über etwas nachdenken und so zu einer Lösung kommen. Unglaublich, aber wahr, das war mir bisher noch nie eingefallen. Fortan dachte ich eifrig über alles nach, und es war ein Spiel, das mir riesig gefiel, eine ganz neue Art, mit dem Geist umzugehen. Mit dem Denken kam auch die Lust zum Diskutieren, meine Schüchternheit verlor sich zu einem guten Teil.

Als Kindergärtnerin war es für mich vor allem faszinierend, die Kinder aufzuwecken. Die meisten von ihnen kamen still und scheu in die ersten Stunden und gingen ein oder zwei Jahre später als quicklebendige Persönlichkeiten weg.

In der Freizeit modellierte und malte ich gelegentlich. Diese künstlerischen Versuche schenkten mir jedesmal eine tiefe, bisher selten empfundene Freude. Nur wenigen, mir besonders nahestehenden Menschen zeigte ich meine Schöpfungen. Noch seltener sprach ich mit jemandem über meinen Wunsch, die Kunst eines Tages zu meinem Beruf werden zu lassen.

Anfangs 1977 lernte ich meinen jetzigen Mann, Urs, kennen. Wir führten lange und lebhafte Diskussionen über die Kunst, über das Leben und die Welt. Seine Reaktion auf meine kleinen Werke war für mich recht ungewohnt. Mit Bewunderung ging er sparsam um. Dafür ermunterte er mich regelmässig: Gut, mach einfach weiter!

Anfänglich protestierte ich gegen seine nüchterne Haltung. Meine Überzeugung war es, dass schöpferische Arbeit nur in seltenen inspirierten Minuten möglich sei. Zwischen diese grossen Augenblicke hätten sich die schöpferischen Pausen zu reihen. Später verstand ich sein «Gut, mach einfach weiter!» immer besser. Tagelang auf den «grossen Moment» warten kann nämlich auch heissen, seine eigene Bequemlichkeit auf raffinierte Art zu entschuldigen.

So machte ich «einfach weiter» und kam dabei zu einer tiefgreifenden Erkenntnis: Ein Kunstwerk zu erschaffen heisst nicht einfach, auf einer breiten, bequemen Strasse einherzugehen. Da stellen sich einem alle möglichen Hindernisse entgegen. Wüsten, Schluchten und ganze Gebirge wollen überwunden werden.

Zum erstenmal in meinem Leben gab ich nicht auf und erlebte, was es heisst, einen Durchbruch zu schaffen. Nach langem Auf und Ab und Hin und Her halte ich endlich etwas in den Händen, das all die gehabten Mühen vergessen lässt. Ein Werk steht vor mir, neu, anders als alle bisherigen.

Solche Auseinandersetzungen stärkten mein Selbstvertrauen. Die Ziele der frühesten Jahre kamen wieder klar und kräftig zum Tragen: «Eine Welt zu erschaffen, wie ich sie in meinen Träumen seit den ersten Tagen herumtrug.»

In dieser Zeit organisierte der Glasbläser Marcel Biland, ein guter Freund von mir, eine kleine Ausstellung seiner Werke. Er bat mich und eine Kollegin, zu diesem Anlass ein paar schöne kleine Puppen «zu erfinden». Ich war sogleich Feuer und Flamme. Warum? Zum ersten Mal hatte mich jemand direkt darum gebeten, für eine Ausstellung etwas Künstlerisches zu erschaffen. Mir wurde erst viel später bewusst, dass ich seit langer Zeit nur auf diesen Augenblick gewartet hatte.

Ich bat Urs um etwas technische Unterstützung. Er begann aus allen möglichen Materialien Puppenkörper zusammenzuschustern, während ich an den Kleidern nähte und Köpfe modellierte. Wir fühlten uns beide ausgesprochen glücklich bei dieser ungewohnten Arbeit. Schliesslich lagen da einige Figürchen, klein genug, um in einer Hand Platz zu finden. Erwartungsvoll traten diese Erstlinge ihren Weg nach Bern an. Einige Zeit später vernahm ich, dass drei davon verkauft waren. Wir beide waren ungeheuer begeistert. So einfach war das: Etwas Schönes machen, ausstellen, und schon finden sich Menschen, die Gefallen daran finden.

Mein Leitmotiv bei der Arbeit war und ist: *Den Menschen eine Freude machen mit schönen Dingen.* Um kunsttheoretische Spitzfindigkeiten, um die neuesten Trends und Tendenzen kümmerte ich mich herzlich wenig. Meine Figuren sollten einfach meine Träume widerspiegeln, von innen heraus erstrahlen und den Betrachter zu einem bewussteren Sein emporheben.

Rückblickend wird mir klar, dass ich mir damit eine Menge typischer Künstlerprobleme erspart habe. Wer eine wirkliche Liebe zur Kunst hat, der möchte keinen allerneusten «Ismus» in seinen Räumen aufstellen. Es genügt ihm vollauf, damit im Museum zusammenzustossen. Was ein Kunstliebhaber dieser Art sucht, sind Werke, die mit Liebe gefertigt worden sind und aus diesem Grunde warm und lebendig aus sich herausstrahlen. Eine Schöpfung, mit welcher man Zwiesprache führen kann, und die sich durch blosses Anschauen beleben lässt.

Seither sind vier Jahre vergangen. Ich erfahre eine Menge Anerkennung und Unterstützung. Trotzdem bleibt die künstlerische Tätigkeit eine ungeheuer fordernde Berufung. Mir ist es einfach unvorstellbar, wie jemand diesen Weg ohne Anerkennung und Unterstützung schaffen kann. Darum setze ich einen Teil meiner Energie dafür ein, schöpferischen Menschen, die am Anfang stehen, zum Durchbruch zu verhelfen.

Die Entwicklung der Figuren

Das Zentrale an meinen Figuren ist der Kopf. Ein Abguss nach einer industriell produzierten Negativform, wie er unter Puppenmacherinnen gebräuchlich ist, kam für mich nie in Frage. Jede Figur soll ein ganz bestimmtes, unverwechselbares Wesen sein, etwas Einmaliges auf dieser Welt. Darum modellierte ich gleich von Anfang an jeden Kopf individuell und ruhte nicht, bis der Ausdruck dem entsprach, was ich mir vorgenommen hatte. Das konnte ganz schön hart werden, aber ich blieb unerbittlich bei dieser Arbeitsweise, auch wenn es ein Dutzend Anläufe brauchte. Heute bin ich glücklich, diesem Vorsatz treu geblieben zu sein. Immer wieder höre ich, dass die Gesichter meiner Figuren «leben», und genau das war und ist mein Ziel — tote Materie in lebendiges Sein zu verwandeln.

Als Material wählte ich nach vielen Versuchen den guten alten Modellierton. Nichts sonst zeigte sich so empfänglich für meine subtilsten Wünsche, keine Substanz liess sich in derart feine Nuancen formen wie hochwertiger Modellierton. Die zeitlose Farbe des Tons lässt das Gesicht in einer ganz bestimmten Weise «offen». Damit meine ich, dass ein Kunstwerk nicht nur unter den Händen des Künstlers entsteht, sondern ebenso stark durch die formbildende Kraft des Betrachters. Unbemalter Ton reagiert augenblicklich auf jeden leisesten Wechsel von Beleuchtung und Standpunkt. Auf diese Art werden die schöpferischen Kräfte des Betrachters stärker angesprochen, als dies irgendein künstlicher Stoff vermöchte.

Darum brenne ich den Ton grundsätzlich nicht. Er verliert dabei an Frische und Geschmeidigkeit und fährt sich in einem einförmigen Rot fest. Ein weiteres Argument für den Ton ist dessen unbeschränkte Haltbarkeit. Seit Jahrtausenden sind uns gebrannte und ungebrannte Figuren und Tafeln aus Ton überliefert, während es Modelliermassen erst seit einigen Jahrzehnten gibt. Bemalen tue ich meine Gesichter nur in Ausnahmefällen, wenn es darum geht, eine ganz bestimmte Verfassung oder einen ganz bestimmten Menschentyp zu widerspiegeln. Normalerweise lasse ich das Auge des Beschauers «malen». Es vermag dies transparenter und lebendiger zu tun, als es irdischen Farbpigmenten je möglich sein wird.

Für den Haarschmuck verwendete ich einige Zeit echte Menschenhaare und, als diese knapp wurden, Perückenhaare. Beides vermochte auf die Dauer nicht zu befriedigen. «Normalhaare» wirken für die zierlichen Köpfe viel zu dick und zu drahtig. Die Lösung fand ich nach längerem Suchen in einer speziellen Wollfaser, die ungewöhnlich lang, dünn und geschmeidig ist.

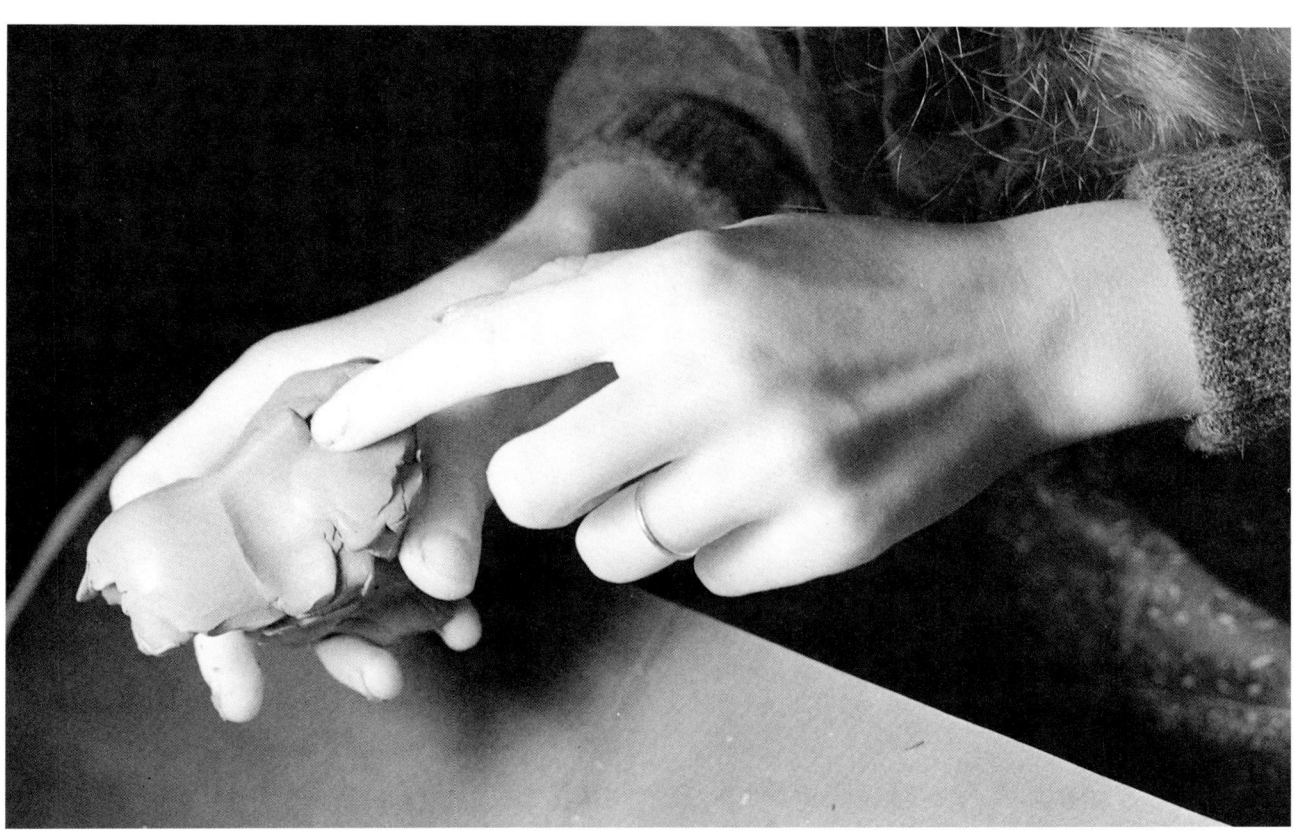
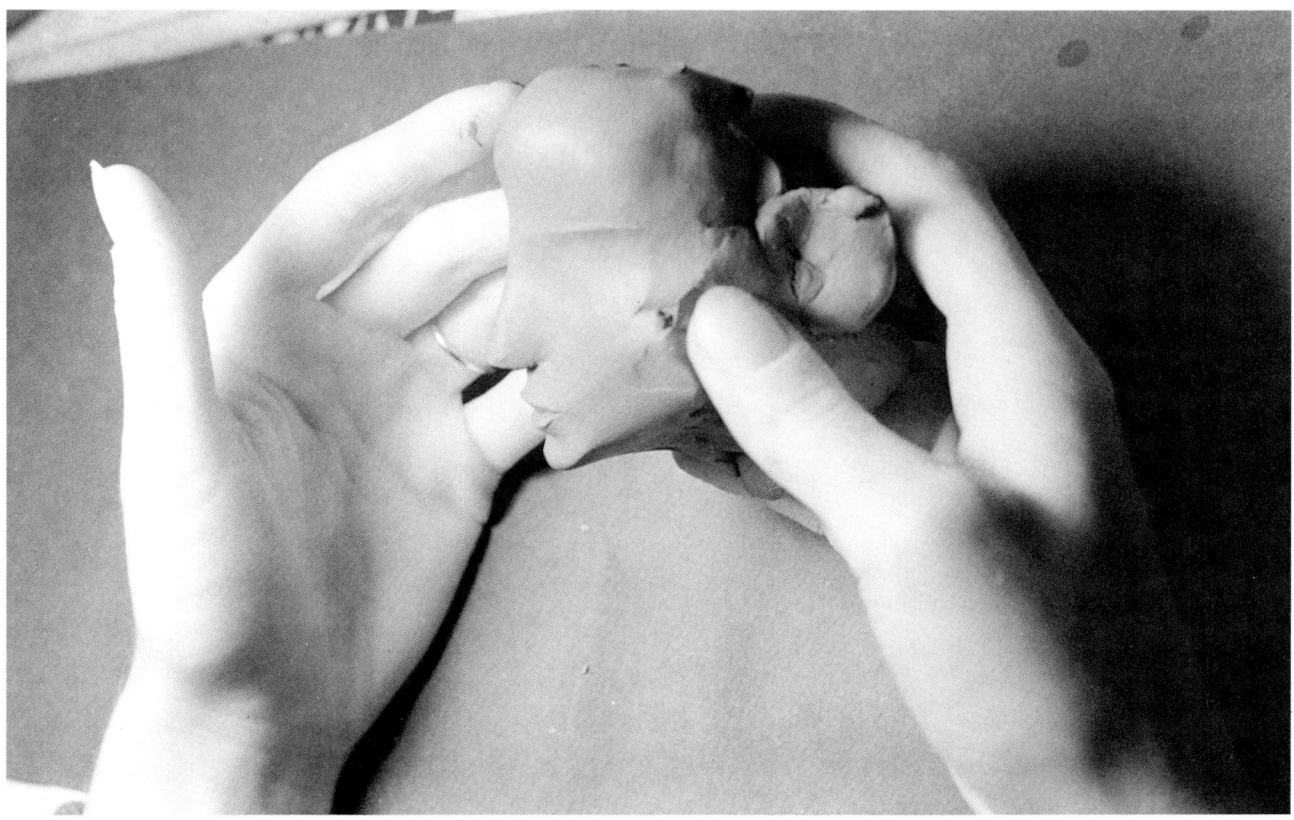

Ich verzichte auf raffinierte Frisuren, denn auch hier möchte ich einen Spielraum schaffen für die Phantasie des Betrachters.

Die Hände modellierte ich zu Beginn auch aus Ton. Leider ist dieses Material zu brüchig für die langgliedrigen Finger. Zusammen mit meinem Mann fanden wir nach langem Probieren eine Materialkombination heraus, die dem natürlichen Ton nahe kommt, dabei aber zäh und elastisch ist. Wir sind mit dieser Lösung aber noch nicht zufrieden. Die Suche geht weiter nach einem Material, das noch natürlicher,

noch toniger wirkt. Denn auch die Hände möchten, wie die Köpfe, ohne jede Einschränkung leben.

Der Körper sollte einerseits frei beweglich sein, andererseits in jeder beliebigen Stellung unverrückbar zu fixieren sein. Diese sich entgegenlaufenden Forderungen unter einen Hut zu bringen, überliess ich meinem Mann. In vielen kleinen Schritten kam er dem Ideal schon recht nahe. Heute halten bis zu vierzehn Gelenke die einzelnen Holzglieder elastisch und doch fest zusammen. Jedes Teilchen dieser fast ein Kilogramm schweren Holzkörper wird in Handarbeit hergestellt und zusammengesetzt. Ein massiver Holzteller sorgt für sicheren Stand, selbst wenn die Puppe ein schweres Instrument zu tragen hat. Auch hier ist die Entwicklung noch nicht abgeschlossen. Ziel ist ein Körper, der jeden Ausdruck des menschlichen Körpers nachvollziehen kann, dabei aber robust und für den Aussteller unproblematisch ist.

Auf die Frage, warum ich so viel Aufwand betreibe und meine Kreationen nicht wie viele andere auf eine Flasche oder einen Stab stecke, an ein paar Fäden aufhänge oder in eine geeignete Ecke stelle, gibt es nur eine Antwort: Meine Figuren verkörpern freie, eigenständige Wesen. Es würde schlecht zu ihnen passen, aufgesteckt, aufgehängt oder angelehnt zu werden. Sie fühlen sich glücklicher, wenn sie aus eigener Kraft eine Stellung einnehmen und halten können.

Kleider machen Leute, heisst es. Davon sind auch meine Figuren nicht ausgenommen. Ein Kleid kann eine Individualität verstärken, unterstützen oder schwer beeinträchtigen.

Zu Beginn suchte ich in allen Rumpelkammern der Region und darüber hinaus nach seltenen Stoffen. Es gelangen mir einige ganz erfreuliche Funde. Viele meiner früheren Figuren beziehen einen Teil ihres Zaubers aus ganz einmaligen Stoffen.

Später bekam ich das Gefühl, dass ein Künstler nicht gut daran tut, nostalgisch zu werden. Nostalgie ist wohl ein wunderschönes Gefühl, und man befindet sich zur Zeit in guter Gesellschaft damit. Aber Nostalgie ist auch ein Eingeständnis, dass man in unserer schnellebigen Zeit eine Sache nicht mehr in ursprünglicher Kraft erschaffen kann und es deshalb ratsam ist, jene Dinge aus alter Zeit allersorgsamst zu hüten. Mit solchen Eingeständnissen sollte ein Künstler vorsichtig sein.

Also überlasse ich es heute anderen, in Rumpelkammern herumzustöbern. Statt dessen haben es mir Pflanzenfärbereien angetan, wo Seide und Wollsorten mit den unglaublichsten Farbtönen eingefärbt werden. Solche Kostbarkeiten trage ich bundweise nach Hause und experimentiere mit diesem unerschöpflichen Farbenreichtum am Webrahmen, mit Strick-, Stick- und Häkelnadeln. Leider sind Photographie und Farbdruck nicht imstande, die warmen, lebendigen Schwingungen echter Pflanzenfarben wiederzugeben.

Weitere Techniken, mit denen ich eben erst begonnen habe, sind die Seidenmalerei und die Handeinfärbung von Baumwollstoffen. Alles, was ich dazu sagen kann, ist, dass ich heftig am Experimentieren bin und nicht ruhen werde, bis ich etwas Besonderes geschaffen habe.

Zum Schnitt der Kleider lässt sich dasselbe sagen wie zu den Köpfen, zu den Händen und zur Haartracht: Er ist «offen» und lässt der Gestaltungskraft des Betrachters weiten Spielraum. Die losen Stoffe lassen sich in Falten legen, wie es einem gefällt, und das wechselnde Licht modelliert immer neue Formen und lässt unzählige Farbschattierungen entstehen.

Recht häufig werde ich nach dem «Geheimnis», das sich hinter meinen Puppen verbirgt, gefragt. Hoffentlich haben diese beiden ersten Kapitel den «Schleier des Geheimnisses» etwas gelüftet. Kurz gesagt sind es zwei Dinge. Zum einen stehen mir die ursprünglichen Bilder und Ziele in grosser Klarheit vor Augen. Das verdanke ich ganz eindeutig dem Wissen und den Techniken, die mir durch das Buch «Dianetics» sowie einige darauf aufbauende Verfahren vermittelt worden sind.

Zum anderen steckt meine Beharrlichkeit dahinter. Wenn ich eine Figur mache, bin ich entschlossen, den ursprünglich toten Stoff zu beleben und das anfängliche Chaos in eine ästhetische Ordnung zu bringen. Das ist entgegen der landläufigen Meinung keine leichte Arbeit, bei welcher man, unaufhörlich inspiriert, wie auf Engelsflügeln dahingleitet. Sie erfordert ständige Übung und vollständiges Wachsein in jeder Phase.

Die Musikinstrumente

Es ergeht meinen Figuren gleich wie den meisten Menschen. Blosses Herumstehen macht auf die Dauer keinen Spass. Man sehnt sich danach, etwas zu tun, mehr aus sich herauszugeben als eine blosse Haltung.

Dieser Wunsch, «etwas zu tun», fand seine ideale Erfüllung durch ein Instrument, das wir der Figur in die Hände legen wollten. Das war rasch gesagt, aber weniger schnell getan. Wo immer ich mich erkundigte, nirgends gab es handgemachte Instrumentenmodelle, welche in Grösse und Ausführung auch wirklich zu meinen Figuren passten.

Deshalb bat ich meinen Mann, er möge doch so ein kleines Ding für eine meiner Figuren anfertigen. Nach einigen zusätzlichen Ermunterungen schickte er sich (endlich) an, ein kleines Flötchen zu machen. Es geriet nicht schlecht, und ich bestellte gleich einige weitere. Das kunsthandwerkliche Arbeiten mit Holz machte ihm offensichtlich Spass, und ich wagte es, eine kleine Lyra vorzuschlagen. Auch diese passte wie angegossen zu einer meiner Figuren.

So geriet der Stein ins Rollen. Der Puppenkörperwerkstatt wurde eine Instrumentenbau-Ecke angegliedert. Hölzer, Werkzeuge, Farben und Lacke begannen sich in den Regalen zu stapeln. Wir besorgten uns haufenweise Bücher über alte und zeitgenössische Musikinstrumente, blätterten viele Abende darin herum, entschieden uns für den Nachbau dieses oder jenes Instrumentes.

Mein Mann merkte bald, dass es mit einem blossen Verkleinern des Originals nicht getan war. Was dem Original gut stand, wirkte beim Modell plump oder übermässig zerbrechlich oder war mit unseren Mitteln gar nicht durchführbar. Es war wichtig, Pläne zu entwerfen und durch gezielte Veränderungen das kleine Abbild «wie richtig» erscheinen zu lassen.

Ein ähnliches Problem ergab sich bei der Wahl der Hölzer. «Originales» Holz hatte eine viel zu grobe Maserung für die kleinen Instrumente und neigte ausserdem zum Reissen. Als ideal erwiesen sich feinjähriges Lindenholz und gleichmässiges helles Buchenholz, also Hölzer, zu welchen der Instrumentenbauer in der Regel nicht greift. Eine weitere Wissenschaft ist die Oberflächenbehandlung dieser kleinen Dinger. Bestehende Techniken liessen sich nur bedingt anwenden, weil bei den Originalinstrumenten weniger die schöne Oberfläche als vielmehr der perfekte Klang massgebend ist. Dies führt zu Lackiertechniken, welche für den Erbauer von Modellen zu umständlich und auch sinnlos sind, denn um den Klang müssen wir

uns bei den Nachbildungen keine Sorgen machen. Ich konnte alle paar Monate sprunghafte Fortschritte bemerken. Die Instrumente wirkten zusehends voller, aber zugleich leichter und strahlender. Sie können diese Entwicklung im Bildmaterial nicht ohne weiteres verfolgen, weil die Nuancen im Druck nur teilweise hervortreten.

Viele Instrumententypen haben freie Flächen, welche für eine Ornamentierung geeignet sind. Auf diese Arbeit freut sich Urs jedesmal ganz besonders. Hier kann er, besonders bei älteren und unbekannten Instrumenten, seiner Phantasie freien Lauf lassen. Es gelingt ihm aber immer, eine harmonische Übereinstimmung zum Instrument und zur Figur herzustellen.

Ganz nebenher liess sich die Entwicklung und Ausführung dieser kleinen Kunstwerke nicht mehr betreiben. So wurde Instrumentenbau zum dritten Beruf meines Mannes (neben dem Unterrichten von Einzelschülern und dem Schreiben von allen möglichen Sachen). Er freut sich jeden Tag, den Morgen in der Werkstatt, wo es so gut nach Holz und Farbe riecht, zu beginnen und erst nach dieser handfesten Anlaufsphase in mehr geistig betonte Bezirke überzusiedeln. Wobei es aber seiner

Meinung nach ein grosser Irrtum ist, dem Kunsthandwerk «geistigen Wert» abzusprechen. Der Handwerker arbeitet zwar mit seinen Händen und mit Werkzeugen. Aber womit führt er beide? Mit seinem Geist. Fehlt eine solche Führung, ja Beseelung, so wirken die Produkte leer und maschinengemacht, egal, wie viele Handbewegungen dahinter standen. Sie können das in jeder Boutique-Auslage beobachten: Man findet dort einige Kreationen voller Leben, aber auch viele, allzu viele sinnentleerte «Artikel». Bei letzteren spürt man, dass sie auf automatische,

gedankenlose Weise produziert worden sind. Ob nun ein Mensch oder eine Maschine dahinterstand, ist kein grosser Unterschied.

Die Entwicklung der Instrumente ist ebensowenig abgeschlossen wie jene der Figuren. Alle Jahre kommen ein paar neue dazu. Ziel meines Mannes ist eine — wie er das ausdrückt — vernünftige Perfektion. Ein Instrument soll lebendig und natürlich wirken, es ist keine Modelleisenbahnlokomotive, wo jedes Schräubchen und jedes Schild massstäblich verkleinert wurde. Wenn der Eindruck von Leben und Natürlichkeit erreicht ist, gilt die Arbeit als abgeschlossen. Es werden keine Details und Schnörkel mehr angefügt.

Erklingen diese Instrumente wirklich nicht? Diese Frage höre ich oft. Doch, sie erklingen — in der Vorstellungswelt des Zuhörers, wenn er vor der Figur steht. Und diese Art Musik ist es, welche Urs seine Instrumente spielen lassen möchte.

Die Künstlerwerkstatt

Bei der Durchsicht des Gesamtwerkes bekannter Renaissance-Künstler überkommt einen leicht ein Gefühl des Erschlagen-Seins. Es ist ganz unglaublich, welche Mengen an Skizzen, Zeichnungen und Gemälden da ein einziger Meister in einem einzigen Leben fertiggebracht haben soll.

Die grossen Ölbilder gehen nicht selten in die Hunderte, und einem jeden ist anzusehen, dass seine Herstellung bestimmt Monate gedauert hat. Wie lässt sich diese ungeheure Produktivität erklären?

Einmal steht dahinter die unvorstellbare Schaffenskraft solcher Genies, deren schöpferische Energie alles in den Schatten stellt, was wir heutzutage kennen. Dann existierte damals eine heute wenig bekannte Institution. Ich will sie mit dem Begriff *Künstlerwerkstatt* umschreiben.

Stark vereinfacht lässt sich der Betrieb in einer solchen Werkstatt wie folgt beschreiben.

Der Meister arbeitet so lange an einer bestimmten Technik, bis er sie durch und durch beherrscht. Jetzt ist der Zeitpunkt gekommen, dieses Wissen an einen seiner Gesellen weiterzugeben. Dieser hat nun seinerseits so lange zu üben, bis er das hohe Niveau seines Meisters erreicht hat. Zu diesem Zeitpunkt wird der Geselle mit dieser speziellen Aufgabe betraut. Der Meister selbst, von der Sache entlastet, kann sich neuen Herausforderungen zuwenden. Ein Dutzend solcher Gesellen und Lehrlinge pro Werkstatt war keine Seltenheit.

Der Erfolg derartiger Institutionen war durchschlagend. Ein von Routinearbeiten entlasteter Meisterkünstler konnte sich unbeschwert neuen Projekten zuwenden, während ein breiter Strom wertvollen Wissens auf eine grosse Zahl von Nachfolgern überging. Viele der einstigen Gesellen gründeten später eigene Künstlerwerkstätten. Wo immer dieser Typ Werkstätten aufkam, erlebte der entsprechende Kunstzweig eine Blütezeit — das gilt nicht nur für die Renaissance.

Diese Künstlerwerkstätten sind weitgehend von der Bildfläche verschwunden. Die Meister-Geselle-Lehrling-Tradition fand ihre Fortsetzung in zahlreichen handwerklichen Berufen, welche in der Folge ebenfalls mit grossartigen Leistungen aufwarteten. Einen entfernten Ableger jener Institution finden wir heute noch in der Form der Berufslehren. Urs, der selber eine Berufslehre als Mechaniker absolviert hat, meint dazu, er habe dort mehr Brauchbares gelernt als in den nachfolgenden zehn Jahren seiner Mittelschul- und Unizeit.

Hauptsächlich auf seine Initiative hin beschlossen wir vor kurzer Zeit, eine eigene «Künstlerwerkstatt» zu gründen. Es war uns klar, ganz unten anfangen zu müssen. Wenn Sie sich nun ein Fabrikgebäude mit hohen Hallen und grossen Fenstern vorstellen, so stimmt dieses Bild nicht. Wir haben drei unserer fünf Wohnräume behutsam in Ateliers verwandelt. Die Veränderung ist so unauffällig, dass Besucher, die mitten in einem der Ateliers sitzen, hin und wieder fragen, ob sie das Atelier sehen dürften.

Die Vorstellung von den armen Gesellen, die von morgens früh bis abends spät schuften und schwitzen, bedarf auch einer Korrektur. Wir haben vorerst nur ein einziges Ziel ins Auge gefasst: Jemanden so gut auszubilden, dass wir eine bestimmte

Arbeit abgeben können und in Zukunft davon entlastet sind. Wer eine solche Aufgabe übernehmen möchte, kann zu uns kommen, wird eingeführt, sitzt in eine passende Ecke und übt und übt, bis er völlige Sicherheit hat. Von da an erhält er von uns einen Auftrag, den er selbständig, stunden- oder halbtagsweise, ausführen kann.

Wie das im speziellen funktioniert, zeige ich an zwei Beispielen:

Holzflächen feinschleifen und polieren ist eine langwierige Arbeit. Urs macht das nun seit vier Jahren. Gegenwärtig lehrt er diese Technik einen «Künstlergesellen» Schritt für Schritt bis zur Vollendung. Die freigewordene Zeit kann er jetzt zum Entwerfen neuer Instrumente gut gebrauchen.

Oder: Die Fäden einer Webarbeit zu vernähen, macht mir nicht mehr die geringsten Schwierigkeiten, aber es benötigt eine Unmenge Zeit, diese bis zu tausend losen Enden verschwinden zu lassen. Ich führe eine sorgfältige Person in diese Arbeit ein und habe endlich die Hände frei für meine Seidenmalversuche.

In der kurzen Zeit, seit wir unsere «Künstlerwerkstatt» betreiben, haben wir einige erstaunliche Beobachtungen gemacht:

Unsere Mitarbeiter überflügeln uns beinahe regelmässig, wenn es um die Genauigkeit der Durchführung geht. Warum? Sie haben ausgiebig Zeit, während wir solche reinen Routinearbeiten oftmals mit unterschwelliger Ungeduld durchführten.

Einige, die bei uns arbeiten, gehen nach Hause und werden wirklich kreativ. Warum wohl ausgerechnet, nachdem sie für einige Stunden eine manchmal recht eintönige Arbeit geleistet haben? Wir vermuten, dass sie sich mehr zutrauen, seit sie Gewissheit haben, *eine* Sache in vollendeter Weise durchführen zu können.

Von der Künstlereinsamkeit ist viel die Rede. Da sitzt einer Tag und Nacht abgeschlossen in seinem Atelier und tritt vielleicht jedes Jahr einmal ins Rampenlicht anlässlich einer Vernissage. Danach wird es wieder still um ihn. Viele können das auf die Dauer nicht aushalten, der Gang zu den stummen vier Wänden des eigenen Ateliers wird zur Qual. Seit wir unsere «Künstlerwerkstatt» eröffnet haben, arbeiten wir selten mehr allein und haben bemerkt, dass es viel leichter ist, in Gesellschaft fleissiger Leute etwas zustande zu bringen.

Die Achtung vor dem Können der anderen: Unter Künstlern ist es ein leider vielgepflegter Brauch, einander geringzuschätzen — um keinen stärkeren Ausdruck zu gebrauchen. Seit wir gemeinsam arbeiten, verschwinden selbst Anflüge solchen Verhaltens. An ihre Stelle treten herzliche Freundschaften und gegenseitiges Interesse. Der tiefere Grund für das zwanghafte Herabsetzen des anderen ist uns klar geworden. Es ist die unsagbar dumme «Berechnung»: Ich bin nur gut, wenn ich beweisen kann, dass der andere schlecht ist. Für uns gilt seither ein grundverschiedener Leitsatz: Ich bin gut, wenn ich es fertigbringe, dass der andere noch fähiger wird, als er schon ist.

Zusammenfassend kann ich sagen: Wir haben genug positive Erfahrungen gesammelt, um den eingeschlagenen Weg weiterzugehen. Und ich hoffe, dieser Bericht werde einige Leser ermutigen, einen ähnlichen Weg zu wagen.

Künstler und Gesellschaft

Dieses Thema ist spannungsgeladen. Künstler klagen die Gesellschaft an, während diese den Künstler unterdrückt — ein oft gehörter Vorwurf.

Ich greife zwei Punkte aus diesem unerschöpflichen Themenkreis heraus:
- Die grundlegende Wandlung, welche das Verhältnis Künstler/Gesellschaft in unseren Breiten in den letzten paar hundert Jahren erfahren hat.
- Meine persönliche Antwort auf diesen Wandel.

Bis zur Renaissance waren die Kunstschaffenden weitgehend der Kirche verpflichtet. Sie widmeten sich religiösen Themen, und persönliche Meinungen drückten sich vor allem im Stil aus. Als Gegenleistung erhielten sie Schutz, Aufträge und Anerkennung von dieser damals allmächtigen Organisation.

In späteren Zeiten war eine allmähliche Abwanderung zu den grossen Höfen und zu herrschenden Familien zu beobachten. Die Auftraggeber wechselten, aber die Stellung blieb grundsätzlich dieselbe. Man widmete sich den richtigen Themen und wurde dafür reichlich mit Aufträgen und Anerkennungen bedacht.

Die dritte Runde wurde um etwa 1800 eingeläutet. Die Höfe und die mächtigen Familien verloren zusehends an Einfluss, während die Nationalisten an Macht gewannen. Die Vertreter der Künste waren eingeladen, auch bei diesem Spiel ihre Plätze einzunehmen.

Da geschah etwas Unerhörtes. Liess sich die kirchliche Kunst einigermassen, die höfische schlecht und recht mit der persönlichen Ethik vereinbaren, so war das bei den Nationalisten nicht mehr möglich. Zuviel Blut klebte an den Händen dieser Herrscher.

Die Künstler begannen sich abzusetzen, erst vereinzelt und dann in Scharen. Sie quittierten ihren Dienst bei den Mächtigen. Ein Beispiel aus jüngerer Zeit ist die Künstleremigration aus dem nationalsozialistischen Deutschland.

Diese Absetzbewegung führte aus Palästen, Kabinetten und Prunkgemächern heraus und endete bildlich gesprochen auf der Strasse. Keine staatliche Institution schützte mehr den Abtrünnigen, Aufträge kamen nicht mehr herein, und auf Pensionen wartete man vergebens. Man konnte und kann sich zwar noch auf Staatskosten ausbilden lassen und sich einige Stipendien angeln. Aber dann hat man sich zu entscheiden. Spielt man nicht mit, dann ist es offiziellerseits aus. Wer seine eigenen Träume von der Zukunft des Menschen propagiert, klopft besser nicht bei Amtsstellen an. Er kann sich glücklich schätzen, wenigstens in Ruhe gelassen zu werden.

Die Kunstschaffenden waren und sind von dieser Situation überrumpelt worden. Es wird in Mansarden vegetiert, man zieht sich auf einsame Bauernhöfe zurück, man rebelliert, tobt und schreit. Nicht wenige verzweifeln völlig daran und verlieren den Verstand.

Um zu verstehen, wie hart diese Wandlung den Schreiber, den Maler, den Musiker, den Schauspieler und all die anderen Kreativen trifft, muss man die Funktion dieser Menschen als Seismograph verstehen.

Jeder Mensch, jede Gruppe sendet ihre Wellen aus; die feinen ästhetischen Wellen, die etwas trägeren Wellen der Vernunft und die brutalen Erschütterungswellen der Gewalt. Früher konnte ein Erschaffer schöner Dinge sich mit einer kirchlichen oder höfischen Atmosphäre ummanteln und so gegen das rauhe Draussen einigermassen abgeschirmt sein. Heute, nachdem sich der Künstler von den Zentren der Macht abgesetzt hat, steht er schutzlos da und wird von Wellen jeder Art, die den Planeten in rasender Geschwindigkeit umkreisen, durchgeschüttelt.

Welche Wellenlängen soll er absorbieren, um ihnen künstlerischen Ausdruck zu geben? Entscheidet er sich für die feinen, ästhetischen Schwebungen, wirft man ihm vor, eine heile Welt vorzugaukeln und so indirekt wieder den Herrschenden zu dienen. Entschliesst er sich für die Vibrationen der Gewalt, des Chaos und des Krankhaften, so wendet sich das Publikum von ihm ab, und er bleibt auf seinen schockierenden Werken sitzen. Wählt er etwas dazwischen aus, wird er der schalen Vernünftelei und des Intellektualismus bezichtigt. Eine echte Zwickmühle, in der manch einer zugrunde gerichtet wird.

Für *wen* machen wir heute Kunst?

Für irgendeine einflussreiche Institution, die ihren Lebensstil oder ihre Ideen mit Kunst verherrlichen möchte?

Nein!

Unsere Kunst ist für unsere Mitmenschen da, die mit uns auf diesem unruhigen Planeten leben. Und was fehlt ihnen (und mir) am meisten?

Das Wissen um eine lebenswerte Zukunft!

Der Mensch kann viel entbehren, aber wenn man ihm die Hoffnung auf eine lohnende Zukunft nimmt, stirbt irgend etwas Wertvolles in ihm. Er verliert an Kraft und beginnt die wertvollsten Ideale aufzugeben. Und das ist dann der Anfang vom Ende.

Was kann nun ein Künstler gegen diese unheilvolle Entwicklung tun?

Diese Frage verursachte mir über lange Zeit hinweg ein eigenartiges Gefühl, bis mir — es ist noch gar nicht so lange her — eine blitzartige, klare Antwort darauf einfiel:

Warum haben wir uns von den Mächtigen abgesetzt? Weil wir nicht mehr länger die Zukunft dieser Gruppen erträumen mögen. Ihre Vorstellungen, wie ein Morgen aussehen soll, und unsere Vorstellungen davon gehen unvereinbar auseinander. Denken Sie einmal einen Augenblick darüber nach! Möchten Sie die Zukunft, an welcher heute auf realpolitischer Ebene gebaut wird, wirklich?

Als Künstlerin ist mir damit eine neue Aufgabe zugefallen. Ich kann für die Menschen um mich herum eine lebenswerte Zukunft erträumen. Von den einfallenden Wellenlängen behalte ich nur jene, die es wert sind, in eine kommende Zeit mitgenommen zu werden.

Eigenartig, die Betrachter merken es, wenn sie vor einer Figur stehen: Hier wird eine kommende Zeit erträumt, vor welcher sie sich nicht zu fürchten brauchen. Sie schliessen sich diesen Schwingungen gerne an. Das macht mich sehr glücklich.

Seither sehe ich in jedem Kunstwerk ein Stück Zukunft verpackt. Erfreuliche, langweilige oder schreckliche Träume von dem, was kommen soll. Die Reaktionen der Passanten auf solche Kunstwerke zu beobachten, ist aufschlussreich. Wenn sie «gute Zukunft» fühlen, bleiben sie einen Augenblick stehen, und ihr Gesicht heitert sich sichtbar auf.

Solange das geschieht, sind die Menschen, die es sich in den Kopf gesetzt haben, schöne Dinge in die Welt zu bringen, nicht verloren. Im Gegenteil, wir sind ausgezeichnet aufgehoben. Unseren Werken wird Aufmerksamkeit geschenkt, viele Menschen sind bereit zu einem kurzen oder längeren Dialog mit dem, was wir geschaffen haben.

Das ist das einzige, was wir wirklich brauchen, um weiterzumachen.

Nun noch ein Wort für all jene, die überzeugt sind, dass der Werkbericht mit dem vorhergehenden Satz nicht wirklich zu Ende ist.

Viele haben mich schon gefragt, woher ich die Gewissheit nehme, eine bessere Zukunft sei erreichbar. Ob es sich überhaupt noch lohne, nach all dem, was uns die Geschichte gebracht hat, hart auf ein wertvolles Ziel hin zu arbeiten. Ob man sich nicht besser schlecht und recht im Heute einrichten und das ungewisse Morgen möglichst vergessen sollte.

Die Antwort darauf bleibe ich an dieser Stelle schuldig. Sie führt über den Rahmen dieses Kunstbuches hinaus. Nur soviel:

Unter uns sind nicht wenige, die nie aufgehört haben zu suchen. Sie werden fühlen, dass etwas Ungesagtes hinter diesen Figuren, Bildern und Gedichten lebt. Von diesen Menschen ein «Lebenszeichen» zu erhalten, wird mich ganz besonders freuen.

Über allen Worten: Der Zauber des Beginns

*Liebe wirkt ...
... und da ist Erwachen*

Erwachen

Den langen Fall gefallen
nieder auf diese eine Erde
fängt alles Schauen sich,
gebannt in den Spielen
endlos vergänglicher Formen.

Voller Täuschung spinnen
verschlungene Gänge ihr Netz,
der Zauber ewiger Kreise
umringt, dichter, schwerer
uns, Gefangene im Labyrinth.

Verloren schweifend ziehen
die Blicke irdischer Augen
Bahnen der Sehnsucht
in Luft und Dunst und Blau
dieses weiten hohen Erdenhimmels.

Schlafend überqueren wir
die Hügel unzähliger Leben.
Unvermittelte Schönheit,
die jetzt entgegenfällt — bricht
den eingespielten Schritt.

Ein Hauch von dem,
das damals uns entglitten.
Trauer schleicht sich ein.
Stumm steht das altvertraute Zeichen
über den Strömen fremder Ahnung.

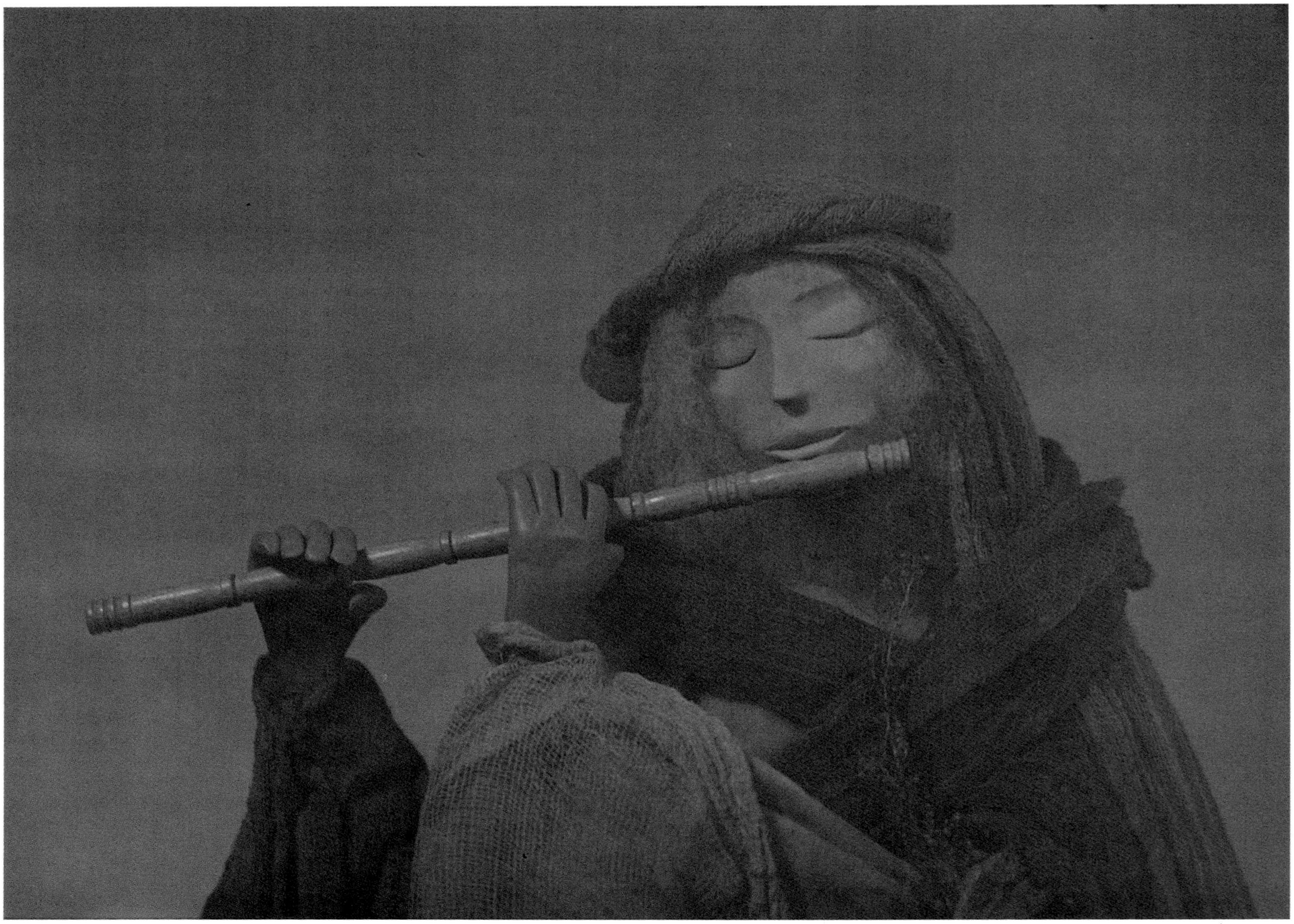

Morgen

Silbern schwarz geht die Nacht
stumm durch uferlose Zeiten.
Ohne Laut sinkt der kalte Tau
durch unbewegte Räume nieder.

In den Fängen dichten Dunkels
träumt das Leben versteckt in Knospen
vom verlorenen Licht, das nie,
seit es floh, wiederkehrte.

Silbern schwarz geht die Nacht
stumm durch uferlose Zeiten.
Ohne Laut sinkt der kalte Tau
durch unbewegte Räume nieder.

Ahnungen von Blau und Grün,
schleierhaft und kaum begriffen,
dämmern herauf über schläfrigen Spielen
ferner Linien stufenhaft gereihter Berge.

Hauch um Hauch treiben die Wellen
erster Helle ziellos über runde Kronen
rauchig grau gefärbter Nebelwälder.
Blass schimmert früher Schnee am hohen Felsen.

Ahnungen von Blau und Grün,
schleierhaft und kaum begriffen
dämmern herauf über schläfrigen Spielen
ferner Linien stufenhaft gereihter Berge.

Da stehst Du und dein Auge erschaut
das Erwachen aus bodenlosem Schlaf
am Ende all der langen Nächte,
die Hand in Hand das Land bedeckten.

Deine Lippen, sie formen behutsam
den ersten leisen zarten Ton
entgegen den Weiten, wohin das Licht
entfloh vor ungezählten Zeiten.

Ein Lied, das trägst Du dort hinaus
und lockst mit deinen Zaubertönen
jene Helle zurück zu uns, die warten
in den langen Schatten schwarzer Sterne.

Mattstrahlend fängt das Leuchten sich
im Kleid, behaucht die singende Flöte,
legt Zug um Zug, beständig wachsend
dein Antlitz in des Morgens Farben frei.

Tiefdunkelrot, fast im Blau versinkend,
wachsen Lichterblüten, Boten der Sonne
über die Himmel hinaus und treffen
spiegelnd sich im Wiegetanz der Wasser.

Mattstrahlend fängt das Leuchten sich
im Kleid, behaucht die singende Flöte,
legt Zug um Zug, beständig wachsend
dein Antlitz in des Morgens Farben frei.

Da stehst Du und singst das Sonnenlied,
rufst den Morgen nach gewaltigen Nächten,
die Hand in Hand seit ungezählten Jahren
uns, gefangen, schlafend tief in Knospen,
das eine grosse klare Licht verbargen.

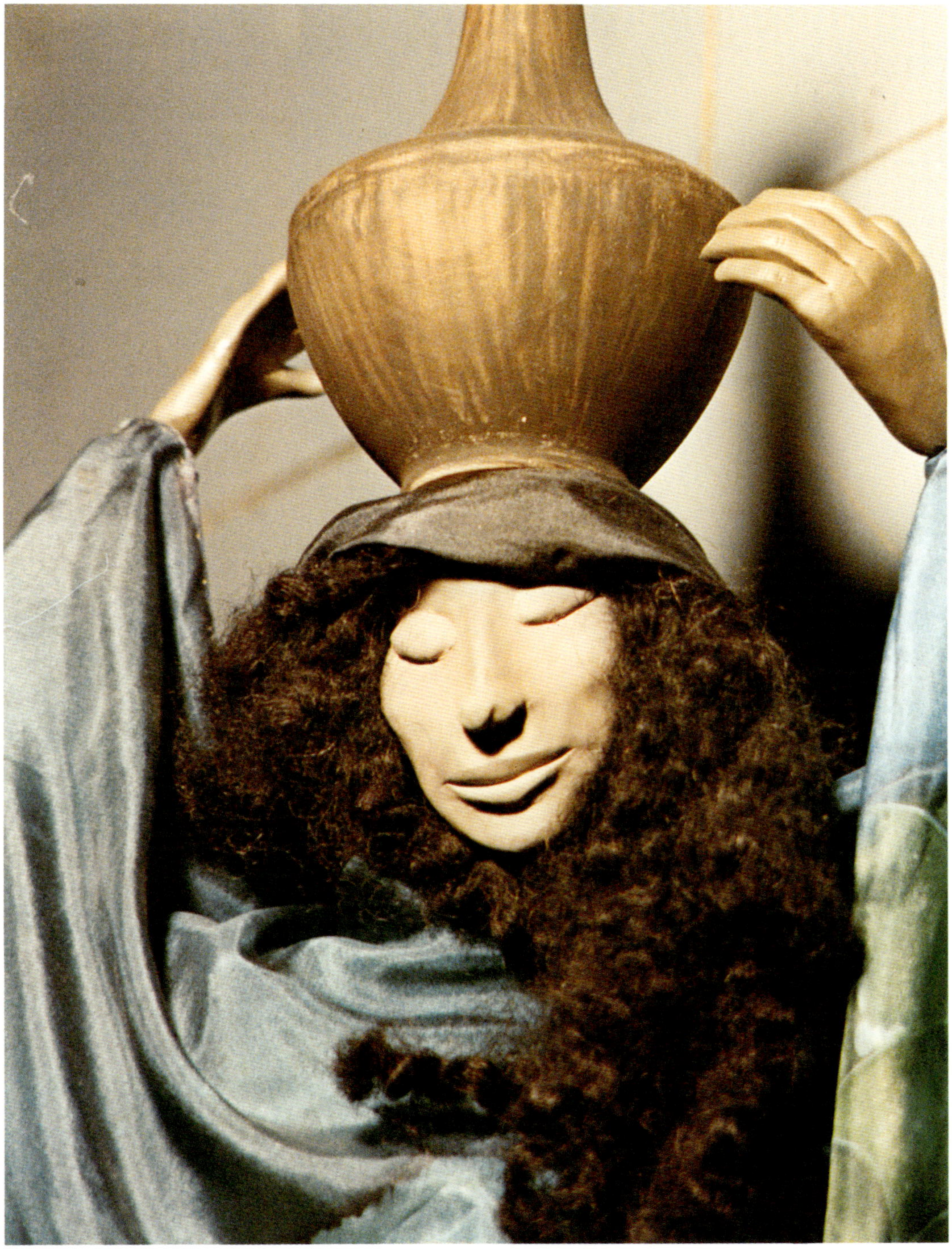

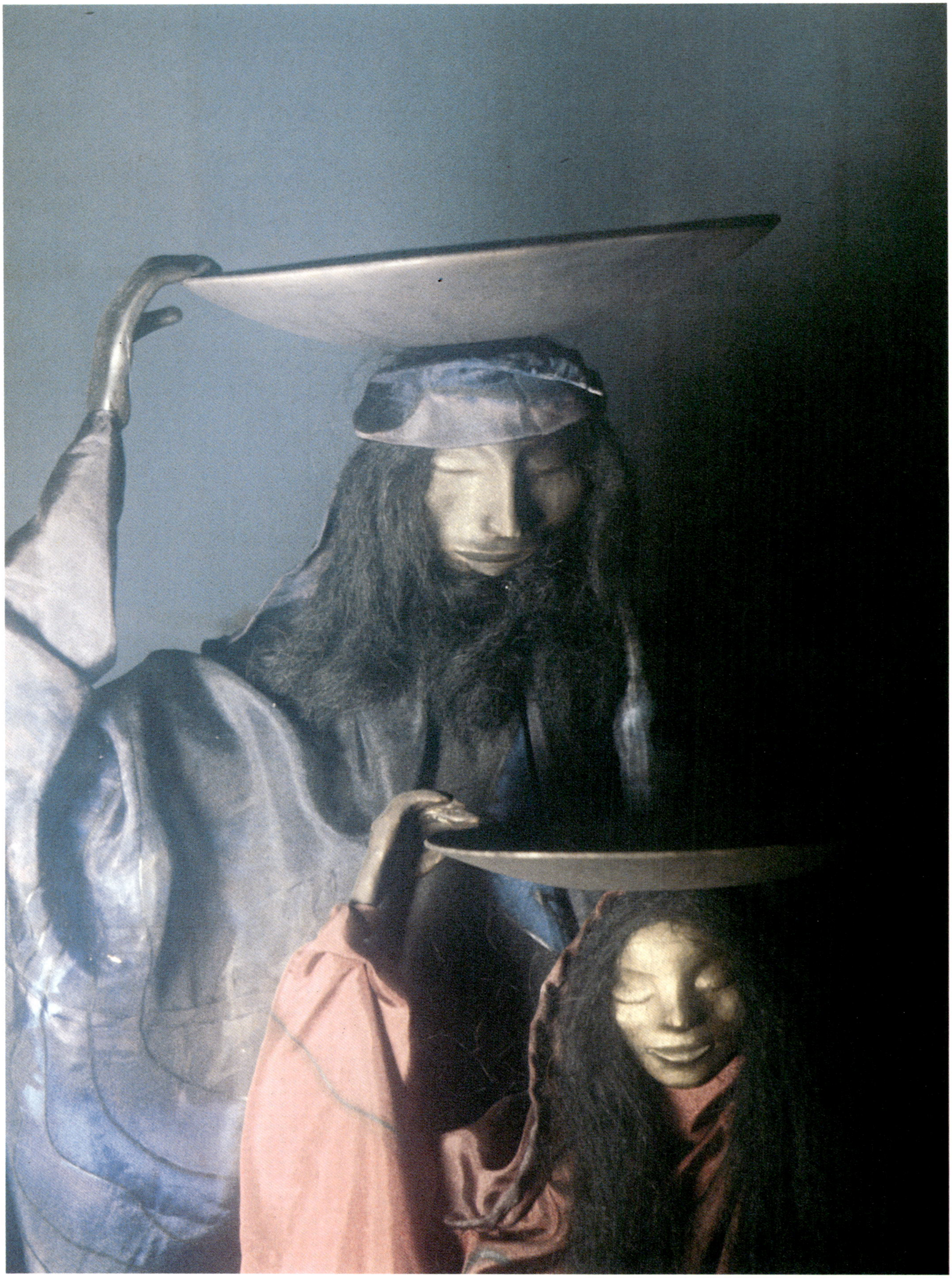

Trägerinnen

Von Ufer zu Ufer
über heissen Sand der Wüsten
trägt Eurer fester Schritt
Gefässe voll des Lebens.

Von Ufer zu Ufer
getrennt vom gelben Streifen
sterbend ausgelöschten Lebens
gehen Eure starken Füsse.

Von Ufer zu Ufer
ausgesandt in Hoffnung hier
sehnsüchtig dort erwartet
tragen Eure Häupter Lasten.

Von Land sich lösend
gleich gleitend schlanken Booten
zierlich wiegend teures Gut
durch die wilden fremden Wasser.

Aus Kreisen der Geborgenheit
tretet Ihr hinaus, allein,
Gesichter und Gewande spielen
im Wind des Ungewissen.

Himmel, Sonne, helle Lüfte
tragen Euch durch Raum und Zeit,
inne halten Dünen und Wellen,
gebannt durch Euer Bild.

Von Ufer zu Ufer
wachsen diese zarten Spuren
unter Eurem steten Wechselgang
sich aus zum breiten Pfad.

Von Ufer zu Ufer
schwinden die Fernen,
ein Saum berührt den andern,
gefügt von Euren guten Händen.

Von Ufer zu Ufer
trifft Leben sich mit Leben
liebevoll von Euch getragen
Ihr ungebrochen schreitend Wesen.

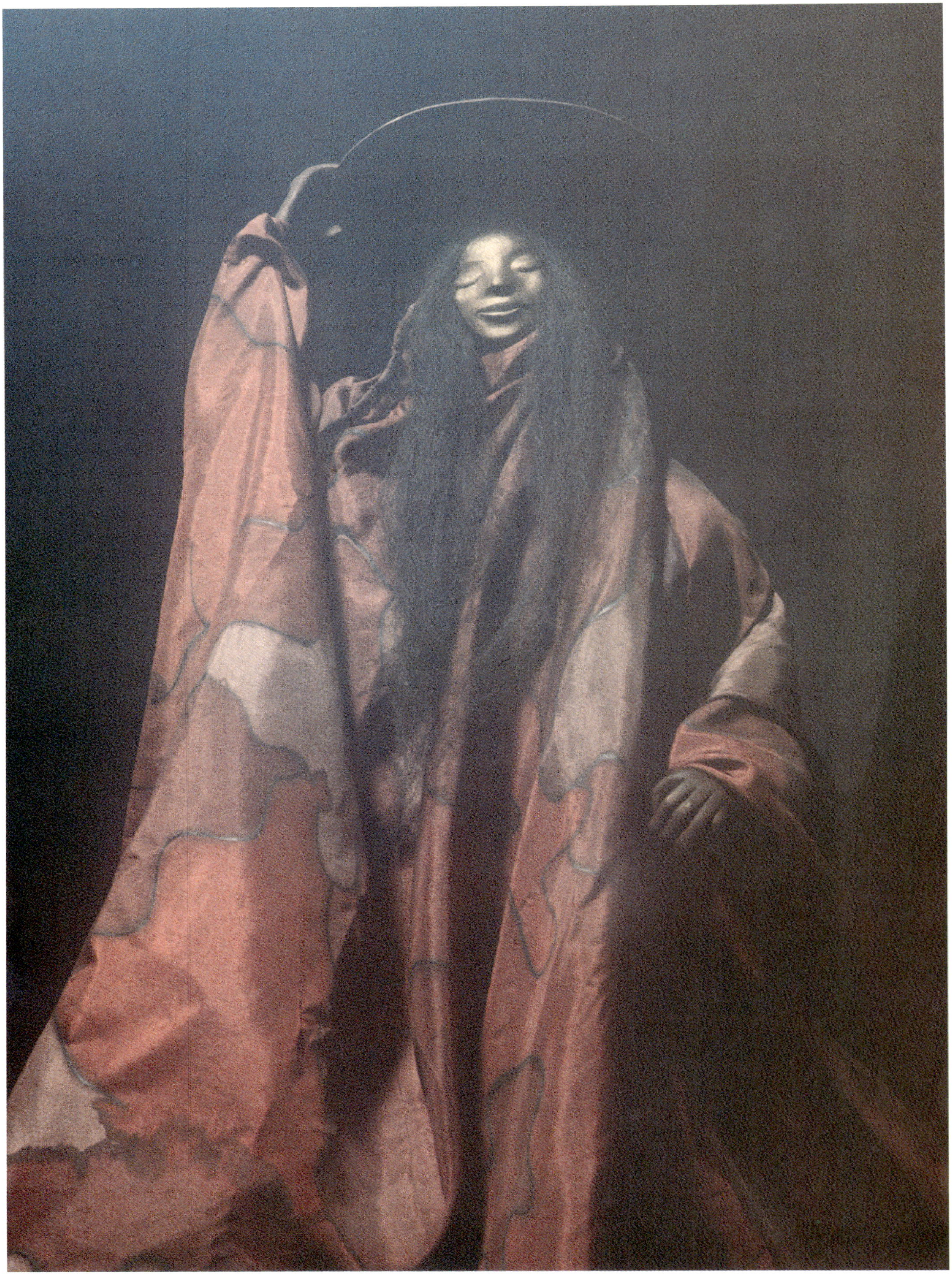

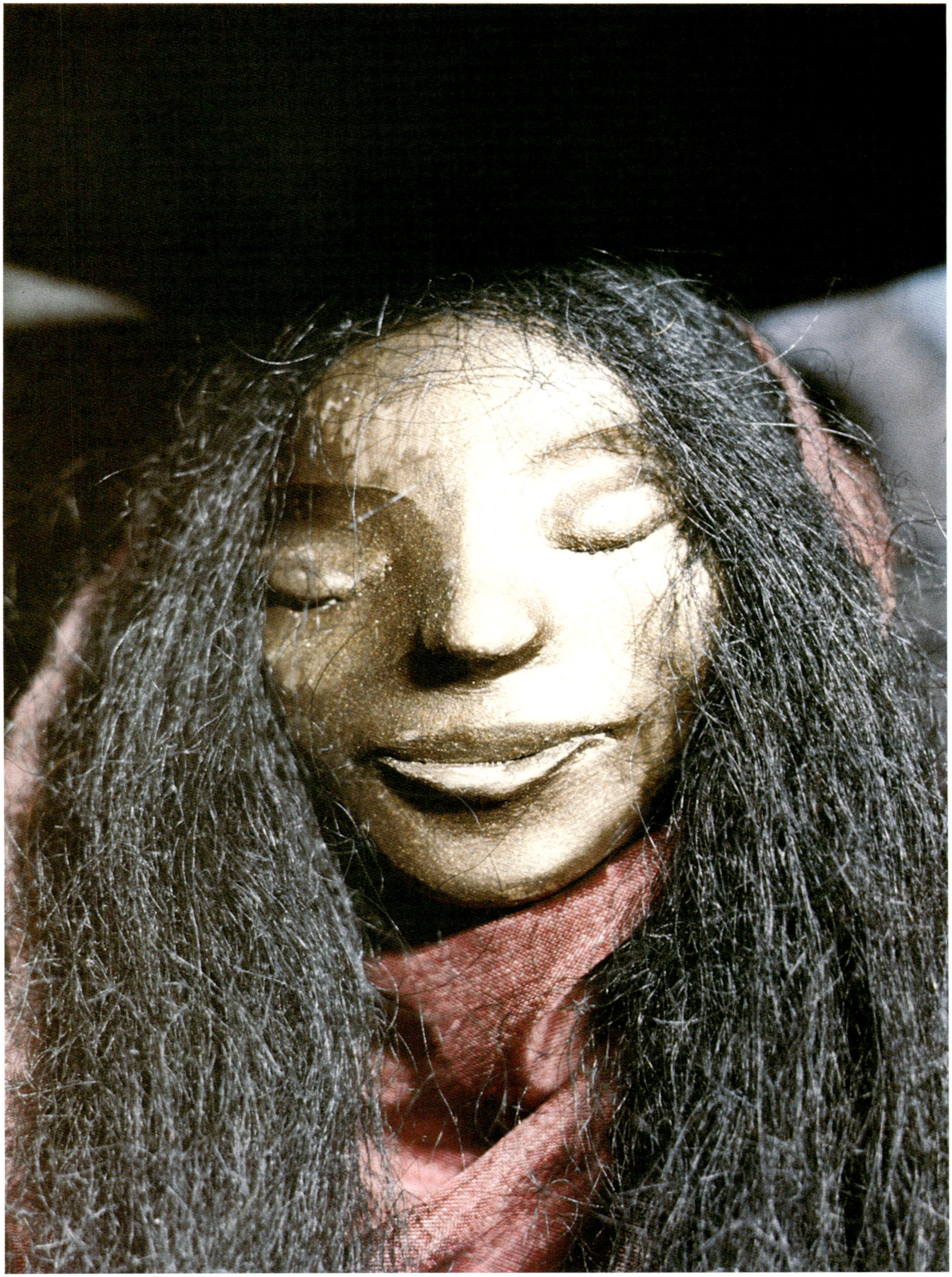

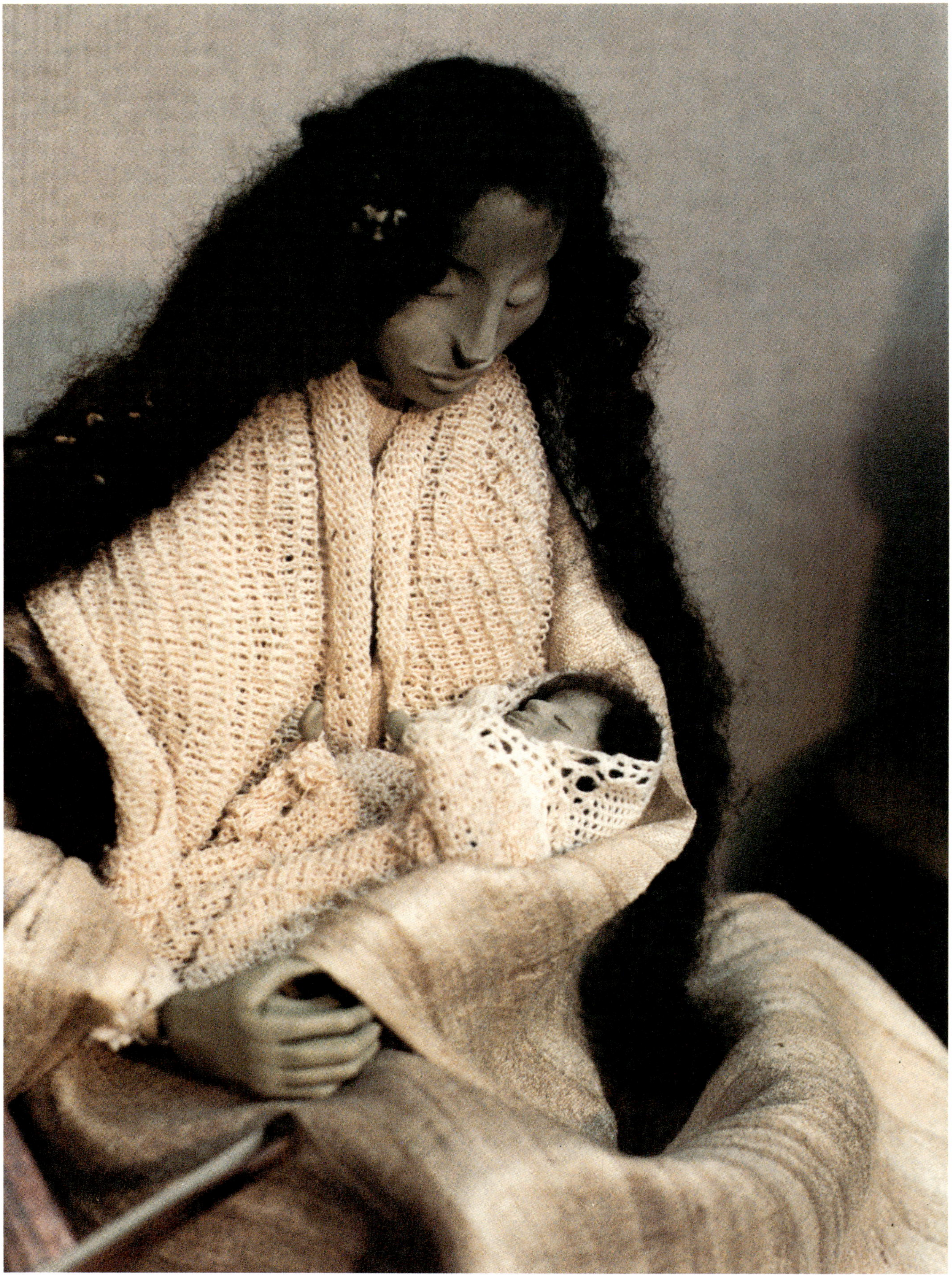

Überlieferung

Zwischen Tod und Geburt
liegt das grosse Vergessen.

Ausgebleicht kommen wir
zurück zur Erde und fallen
in das sprachlose Sein des Kindes,
das Antlitz voll von Fragen.

Gross schauen die Augen umher
und suchen und forschen
nach jenen guten Wesen,
die uns erwarten und erkennen.

Ein jedes wird still geprüft
mit tiefen langen Blicken.
Kaum verrät sich die leise Trauer
dem, der durchgefallen.

Die Kinder, die Kinder, die Kinder!
Alle Rechte den Kindern!
rufen sie, die Macht in Händen
und eiserne Ketten hinter dem Rücken.

Die Kinder, die Kinder, die Kinder!
Alle Vergnügen den Kindern!
rufen sie, Verführer mit Hüllen,
gefällig und leer, in kalten Händen.

Die Kinder, die Kinder, die Kinder!
Alle Engel den Kindern!
rufen sie durch Kirchenräume.
Hohl verhallts an leeren Mauern.

Die Kinder, die Kinder, die Kinder,
ja die Kinder, die schleichen leise ab.
Man holt sie zurück, denn was wären
Reden über Kinder ohne Kinder?

Gross schauen die Augen umher
und suchen und forschen
nach jenen guten Wesen,
die uns erwarten und erkennen.

Bis dass eine Hand
auf den Schoss uns hebt,
eine Stimme spricht
ganz für uns. Wir lauschen.

Umfangen von einem Raum
feierlich und warm
fühlst Du Dich geborgen,
unendlich begriffen und verstanden.

Wie leicht die grosse Hand
deine kleine fühlend führt,
die Faser, sich drehend,
durch die zarten Finger rinnt.

Voll und voller wächst
das Fadenrund, mit ihm
ein stiller starker Stolz,
dein erstes Werk in diesem Leben.

Zwischen Tod und Geburt
liegt das grosse Vergessen.

Leichte Beute sind wir den einen,
sie können uns fangen
mit ein paar schönen Lügen,
Tag und Nacht ins Ohr gesäuselt.

Anders finden uns die anderen,
heben Dich zu sich empor
und führen deine kleine Hand
Schritt für Schritt zu grossen Werken.

Zwischen Tod und Geburt
liegt das grosse Vergessen.

Wir wären längst zerbrochen
ohne jene guten Wesen,
die zu sich hinauf uns heben
und in Liebe ihr Können lehren.

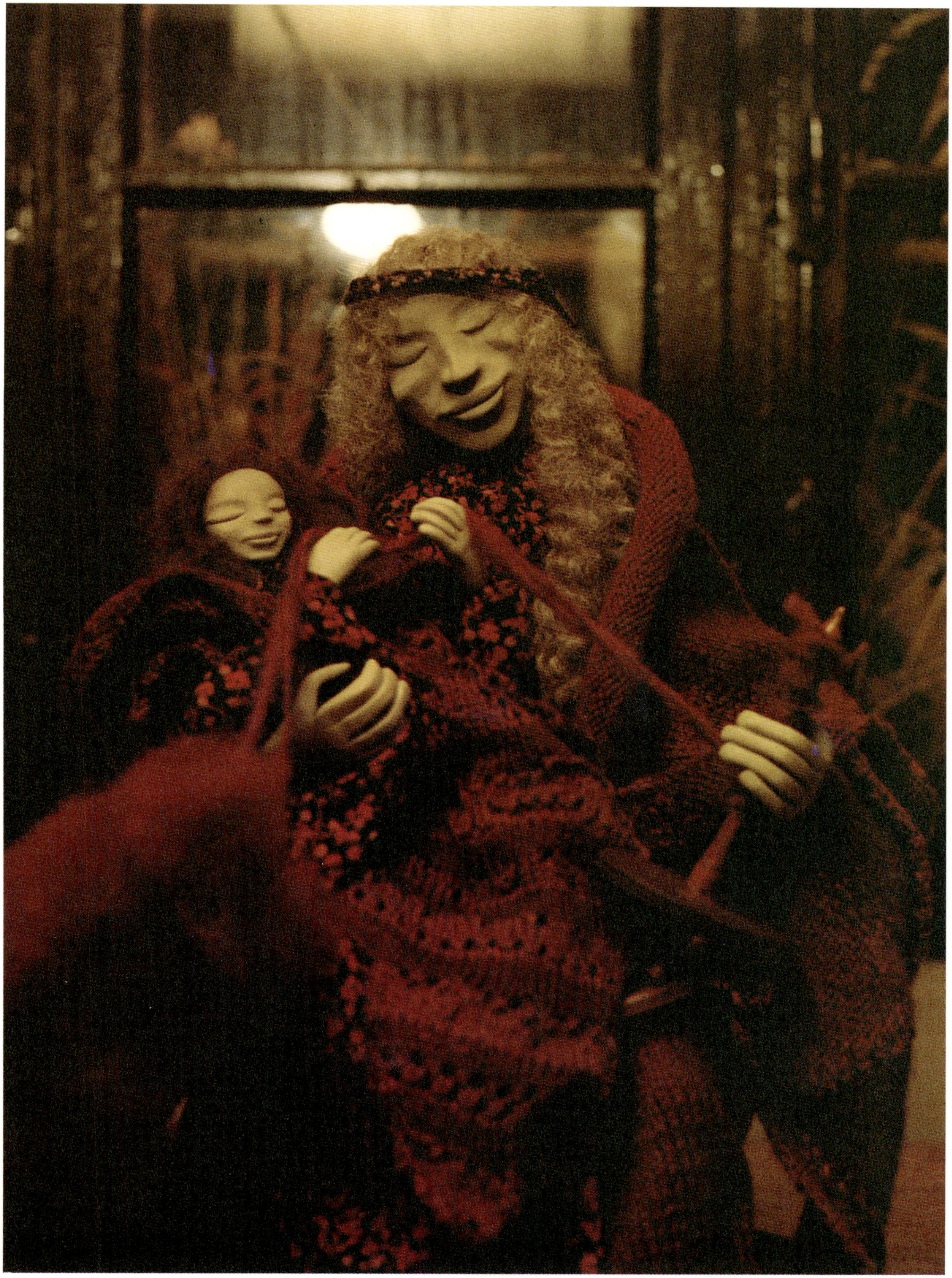

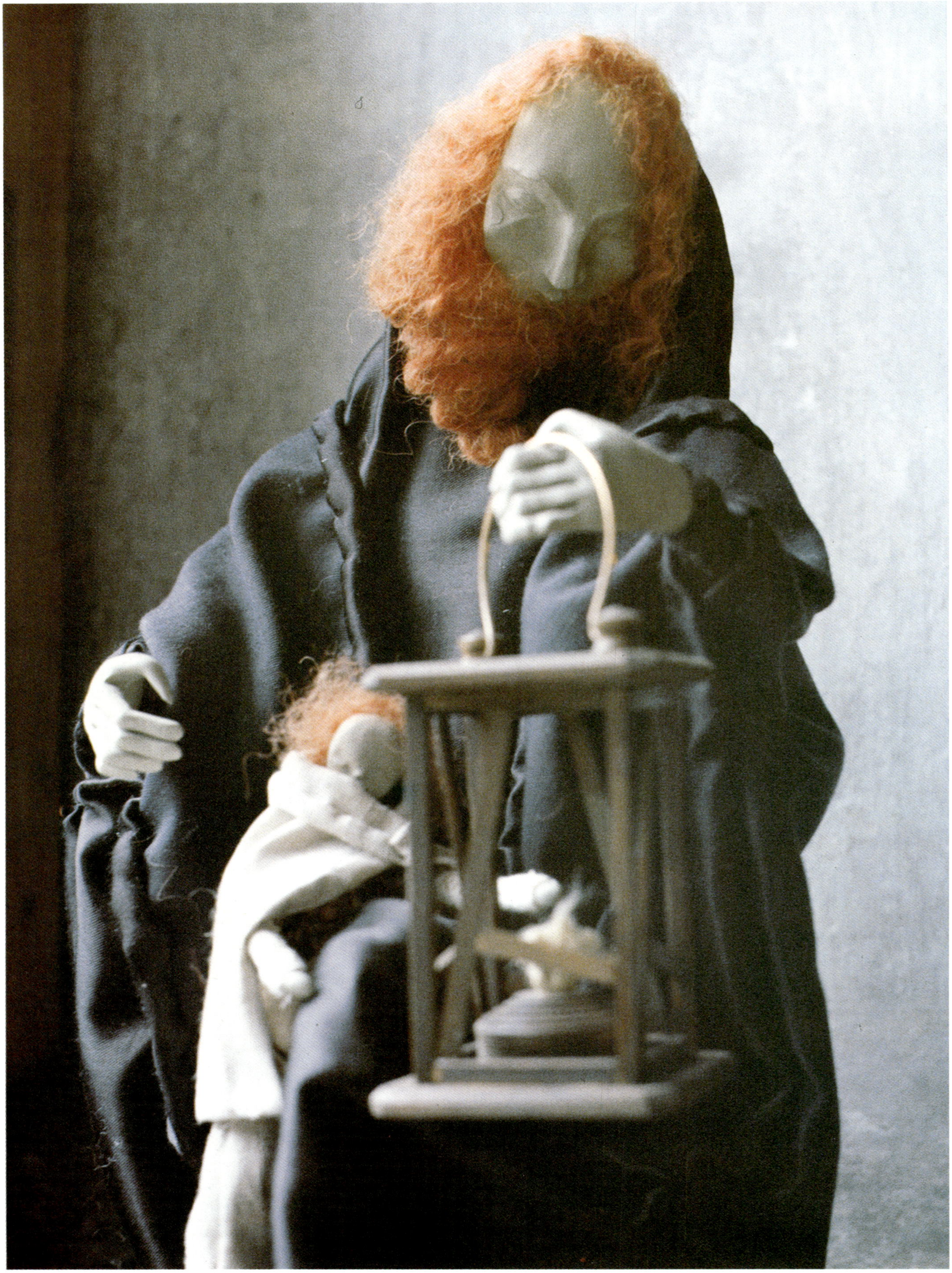

Der frohe helle Tag
Die dunkle schwere Nacht

Beide öffnen sich
dem Erkennenden

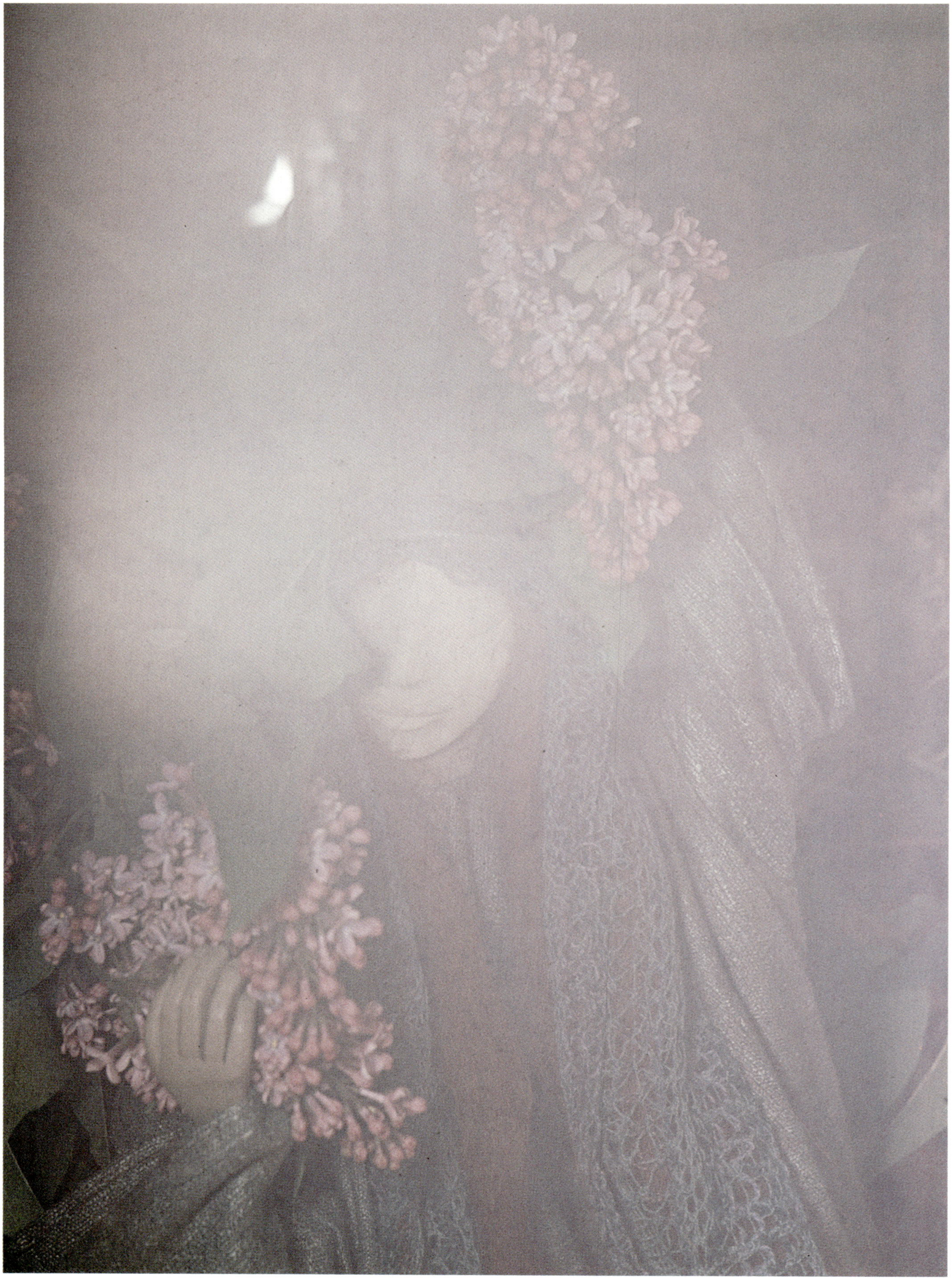

Einsicht

Lautlos wächst der lange Abend
hin zur dichten Sommernacht.
Auf Halmen neigen rund und dunkel sich
im Sternenlicht die ersten Früchte.

Wie viele Stunden um Stunden hab' ich
hinein in dieses dichte Schöpfungswerk
geschaut, in grosse tiefe Rätsel,
ahnend ein Geheimnis hinter allen Formen.

Leise fällt es, wie wehende Schleier,
vom nachtgefüllten Blattgewebe.
Dunkelglühend erwacht ein strahliges Licht,
leise atmend in Farbenkränzen um die Mitte.

Auf und nieder wogen diese Lichterwesen,
furchtbar eingesponnen in uralte Pläne.
Atemlos, in bebender Stille lauschend,
errat' ich ihre tonlos bittern Klagen.

Was sie sprachen, verrat' ich keinem Menschen,
diese sanft wissende Trauer sei mir allein.
Aber nie bricht seit jener Zeit
ein einzig Blatt ohne verzeihende Fühlung
meine neu erwachte Hand.

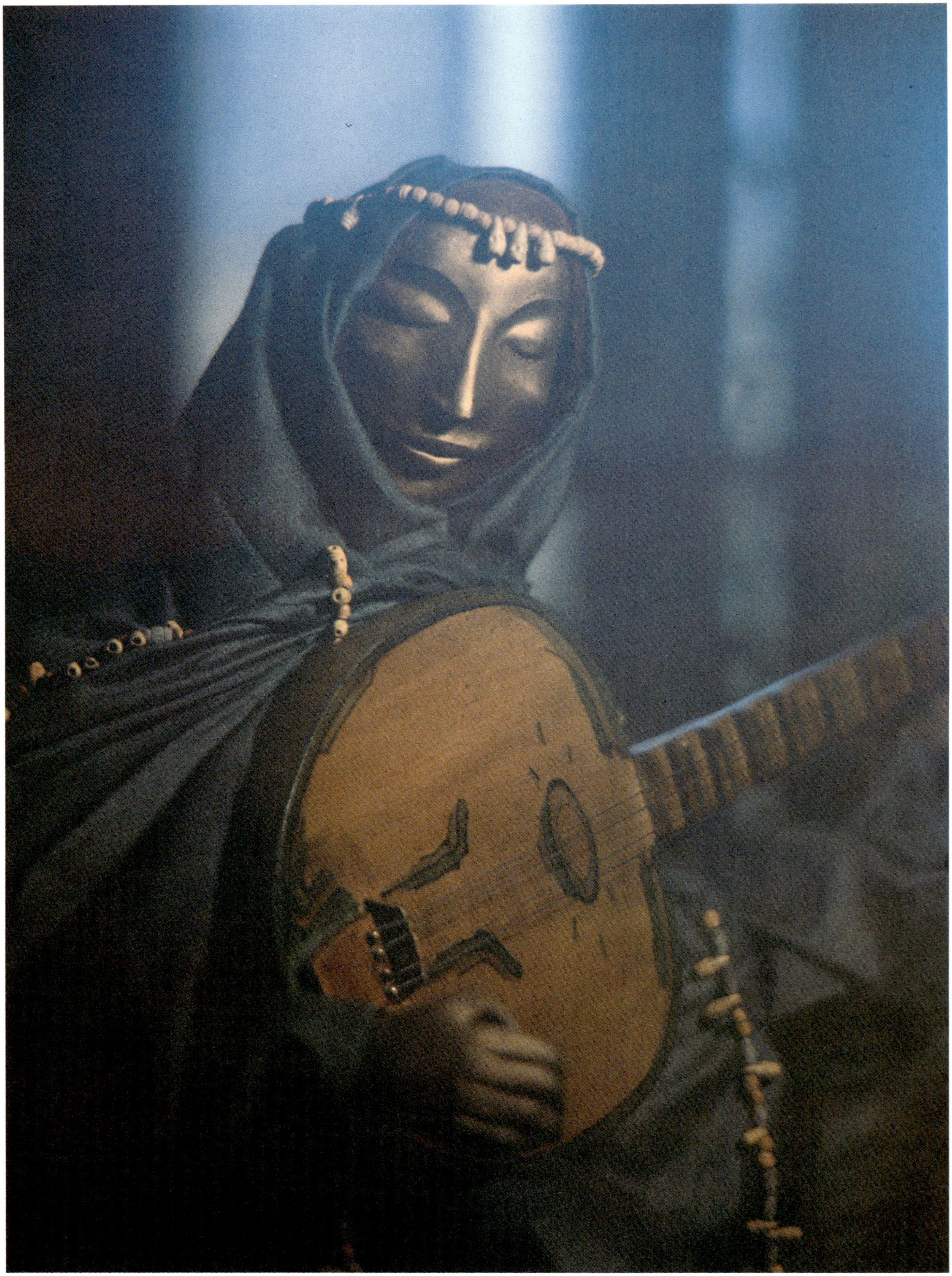

Die Fremde

Fremd war ich,
bin es geblieben.

Die Sprache?
Die dunkle Farbe der Haut?
Die Kleidung?
Die Art, das Haar zu tragen?
Der Gang?
Der Schmuck aus fernem Land?

Nein, nicht all das!

Es sind die Spiegel
des Geistes
in mir
und euch allen.

Ihr schaut hinein,
Tag für Tag
zufrieden, so zufrieden
auf das Bild,
das ihr von Euch macht.
Durch den ersten Glanz
fällt bei mir der Blick,
trifft, was war,
was alles ist
und einmal wird.

Euer Schauen ruht
gefangen in Gefallen
tief in den Bildern,
die zeigen euch,
was ihr gerne seht.

Frei hindurch, hinein
gleitet mein Sehen
in blaue Fernen,
wo Glück zerbrach,
wo Glück entsteht.

Was ich spreche
hören eure Bilder,
noch bevor ihr's merkt,
und haben eine rasche
Antwort gleich bereit.

Ihr schweigt so gemütlich,
lasst mich gründlich allein
mit dem, was ich sehe
zwiespältig sich erheben
über Erden und Himmel.

Gelullt und geschaukelt
wandelt ihr behaglich
im Zaubergarten der Spiegel,
wohin ihr schaut,
Vertrautes, Altbekanntes.

Dahinter aber erwachsen
die Weiten, die ungewissen,
die langen Pfade
ins Licht und hin
zur tiefsten Nacht.

Blind taumelt ihr,
die Spiegel vor den Augen,
gläubig und vertrauend
die leichte Strasse nieder
ins ewig dunkle Tal.

Rufen tue ich euch:
Nein und halt! Dies nicht!
Ihr lächelt leer und tolerant,
meint zueinander, was die wohl will
mit unserer kostbaren Zeit.

Ihr habt mich gerettet,
wie man einen Körper rettet,
mit Wärme, Obdach,
Speise, guten Worten
und ein bisschen Liebe.

Euch möcht' ich retten,
wie man ein Wesen rettet,
mit Wissen um das,
was hinter den Spiegeln
unsichtbar uns erwartet.

Fremd bin ich
und bleibe es
bis zu dem Tag,
da ihr eine kurze Sekunde
das seht, was ich sehe.

Fremd bin ich
und bleibe es,
bis ihr von jener Melodie,
zeitlos und wahr,
den allerersten Ton begreift.

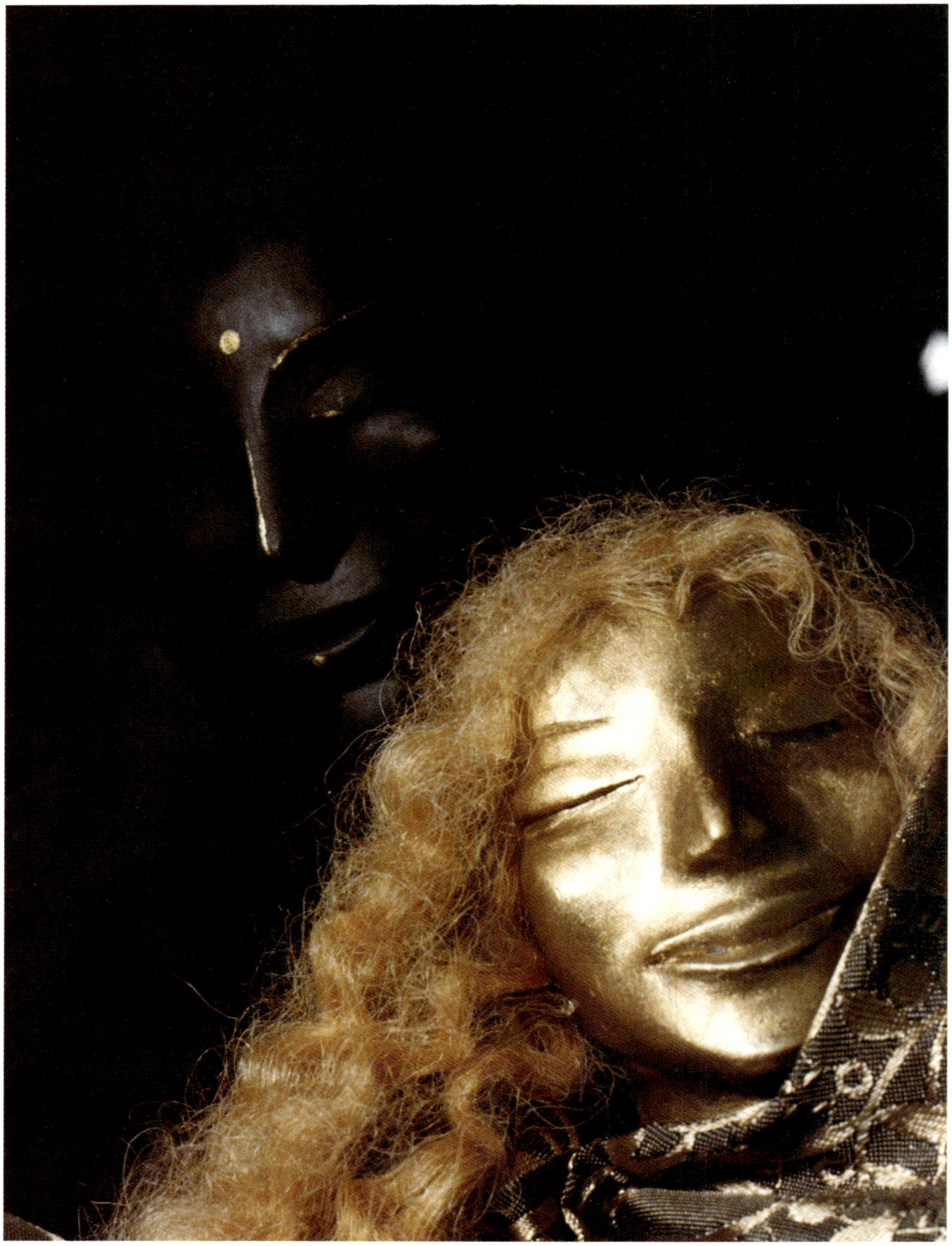

Gold und Schwarz

Tief sinken golden die Wimpern,
und durch die Lider halb geschlossen
steigen Träume hell und strahlend auf,
in luftigen Spuren zerfliessend,
licht in Blau und Raum hinein.

Schwarz dahinter die uralte, allwissend
tausendmal bittere Erfahrung aus den Leben,
die schwer und leer durchlaufen
ohne Sein und ohne Sinn, ziellos
in Schmerz und Leid und Nichts zerfielen.

Nach vorn und fort, hinein
in heiter fröhliche Spiele,
einer hellen Zukunft bestimmt,
wo Licht und Gold in Schwebetänzen
Bilder ohne Grund und Rand ermalen.

Gestaltlos unheimlich aber zieht,
was gewesen, schwer zurück
in das Düster jener kalten Nächte,
als Du allein, verloren und verzweifelt
unter fernen fremden Sternen triebst.

Unbeirrt folgen die klaren Augen
freudig gebannt den Wirbelwolken
wild drehender Nebel voll von Kraft,
lächelnd gebändigt und gemeistert
vom reinen, wortlosen Wollen.

Dahinter lauert das reglos Alte,
verspricht Geborgenheit und Macht,
gehämmert aus harter Erfahrung
zerbrochener Pläne — und leise,
wie ein Dieb, zieht es von dem Gold.

Erwachsend begreift das Kind in Trauer,
wie blind sie alle, alle, alle sind,
für seine kostbar goldnen Strahlen,
die als einzig Gut es mit sich brachte
in diese müde, späte, abgemachte Welt.

Still sinkt der dunkle Schleier
unerbittlich Zoll um Zoll herab.
Die Nacht trinkt das reine Gold,
saugt es spinnengleich in sich hinein.
Gestärkt runden sich die finsteren Gewölbe.

Wir sind's gewohnt zu kommen in Gold.
Wir sind's gewohnt zu gehen in Schwarz.
Hell und belächelt. Düster und betrauert.
Dazwischen das grosse Verlieren.
Wir haben schöne Namen dafür:

Lebensreife, Einsicht in die Grenzen.

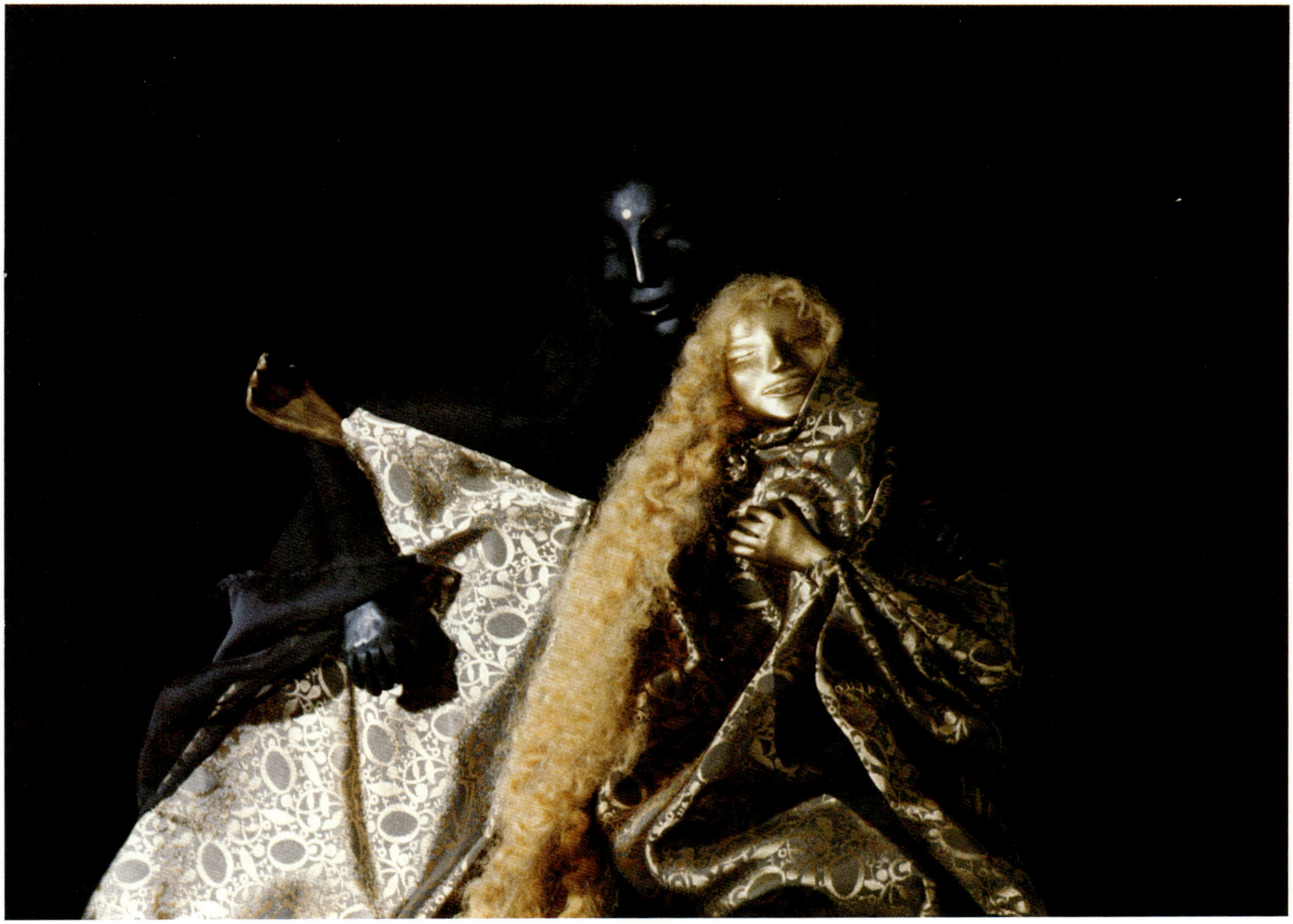

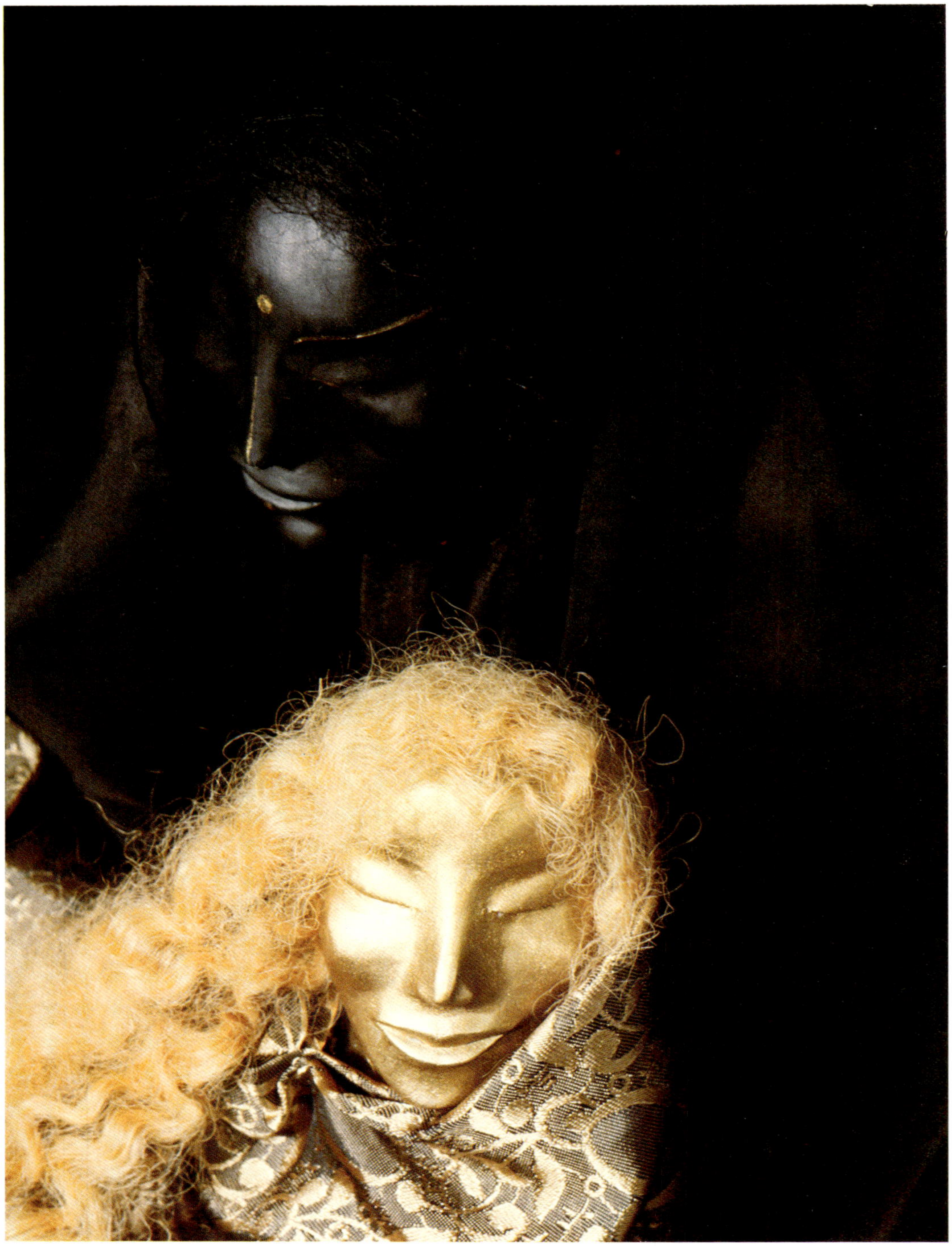

Als die Sterne vom Himmel fielen

Es war einmal, und das vor langer Zeit,
hoch und hell standen die Himmel
im Lichte zahllos funkelnder Sterne,
hingestreut in weiten freien Bahnen.

Ein jedes baute seine hingeträumten Welten
und erfüllte sie aus leichten Händen,
anmutsvoll und feurig schweifend,
Strahlen atmend in ungeschauten Farben.

Leise strömend floss, ein leichter Bote,
alles verbindende Musik in Schwebungen
von Raum zu Raum, sie trug die Lieder
geboren aus der starken Freude freier Seelen.

Bis zum schrecklich schweren toten Tag:
Da fielen hin zur Tiefe Stern um Stern,
lautlos verlöschend, niedergezogen
von einer Hand, die uns alles nahm.

Und öd und leer und schwarz erwuchs
ein steinernes Feld aus purer Nacht.
Alles einfesselnd senkten sich, erdrückend,
lange dunkle Ketten herab und herab.

Beraubt, vertrieben, gefangen in Massen,
in Leeren erfüllt mit ungeheuren Zeiten
verliess uns die Kraft, entfloh die Freude,
wir rollen da, müde Bälle vor dem rauhen Wind.

Verlorenes, weit entschwundenes Sein!
Was blieb — ein blasser bleicher Traum
voller Tränen durch- und durchgeträumt
in Nächten ohne Hoffnung auf ein Morgen.

Gebrochene Wesen treiben durch stiebenden Sand,
klagend berührt die Stirn den grauen Staub
zu Füssen toter Bilder leerer alter Götter,
getröstet von Priestern, die mit uns vergassen.

Machtlos verhallt das Pochen gegen Tore
auf ewig vor uns verschlossen, und bewacht
von Engeln rot und wild wie Feuer flammend.
Furcht schleudern ihre Blicke in die Herzen.

Trauriger noch als all das, trauriger noch:
Der Tag, an welchem wir begruben und vergassen,
wer jene Sterne, jene Klänge, jene Himmel
machtvoll wollend aus dem Nichts erschuf.

Wer? — Wir!

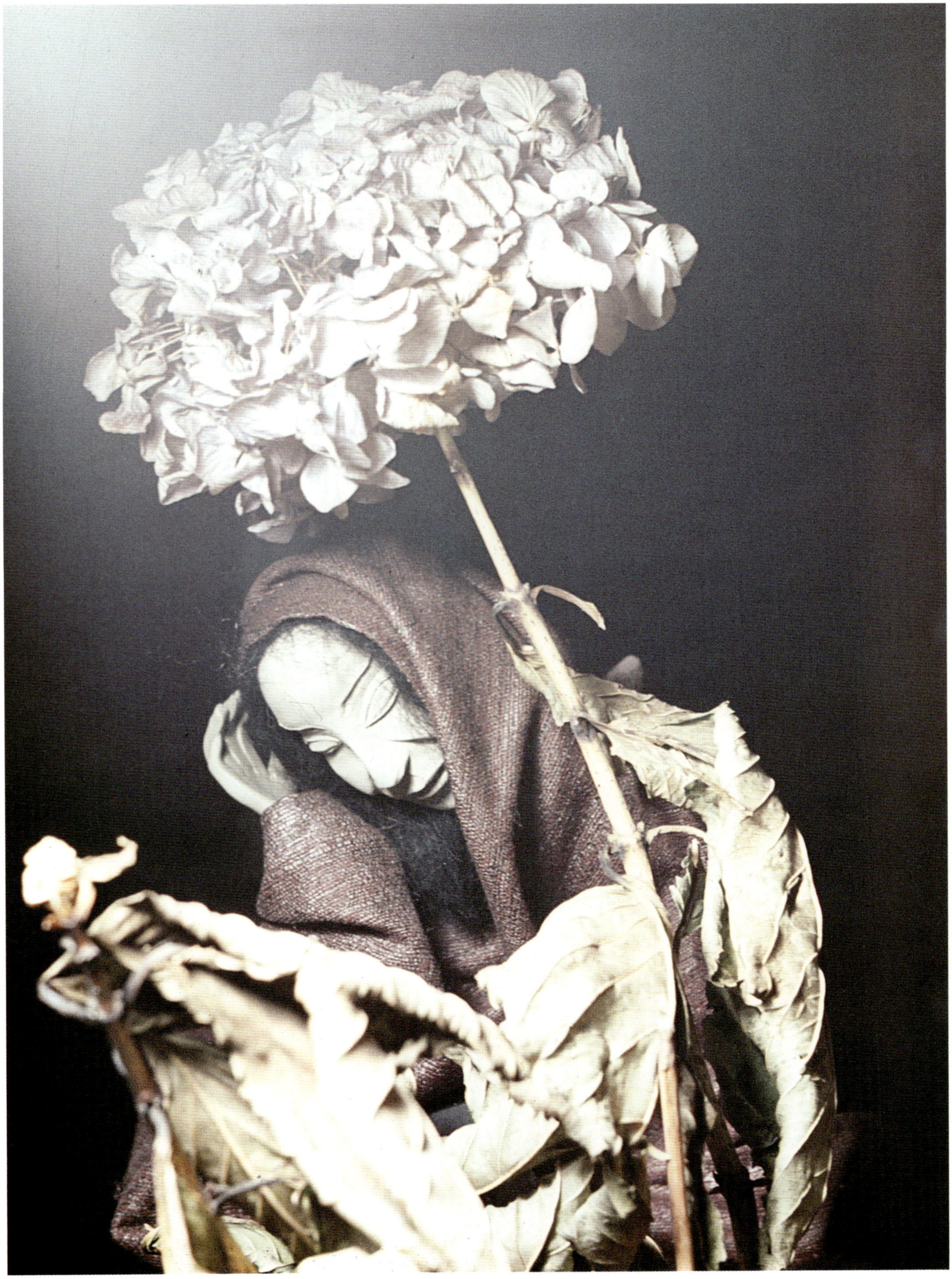

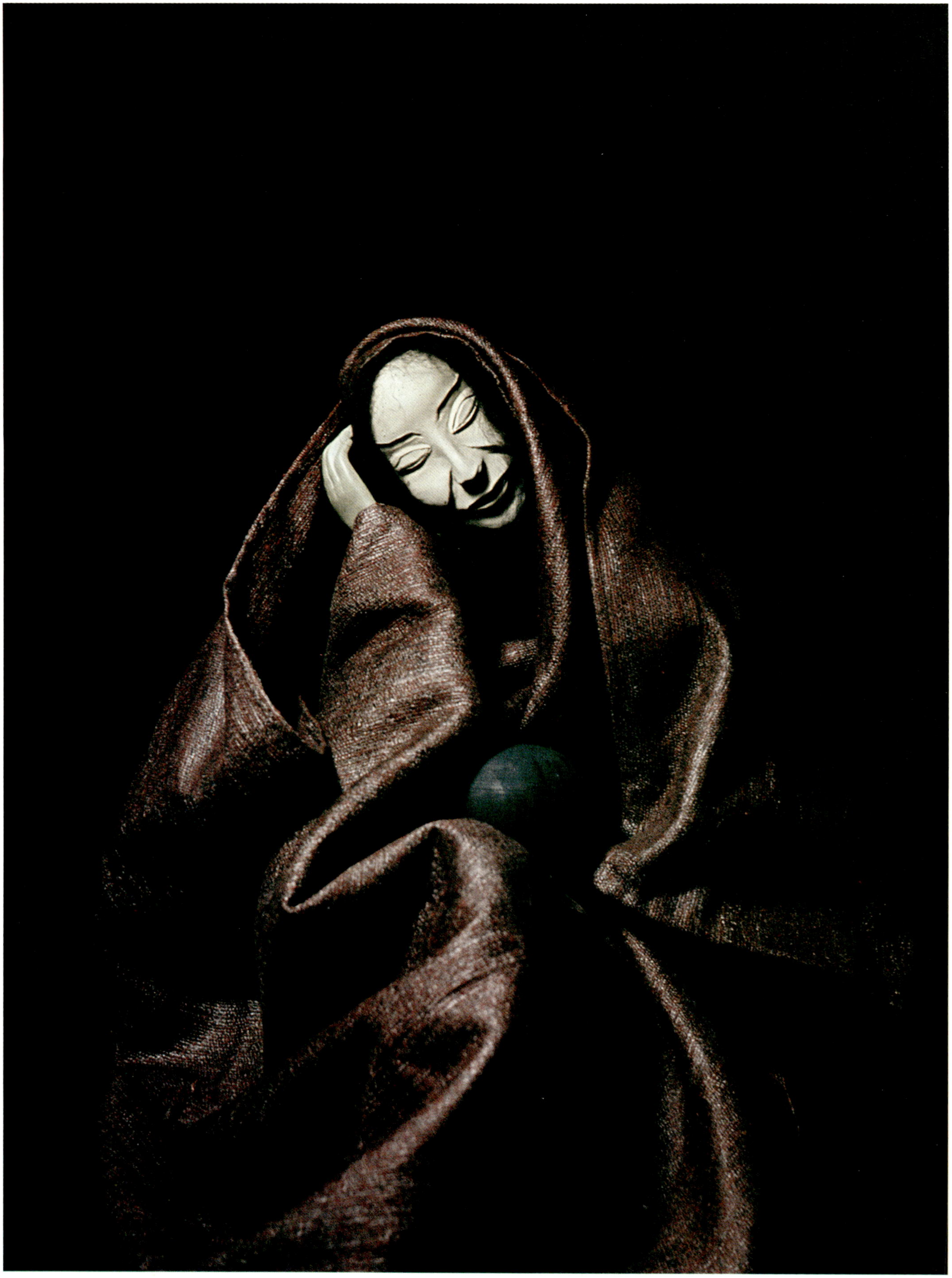

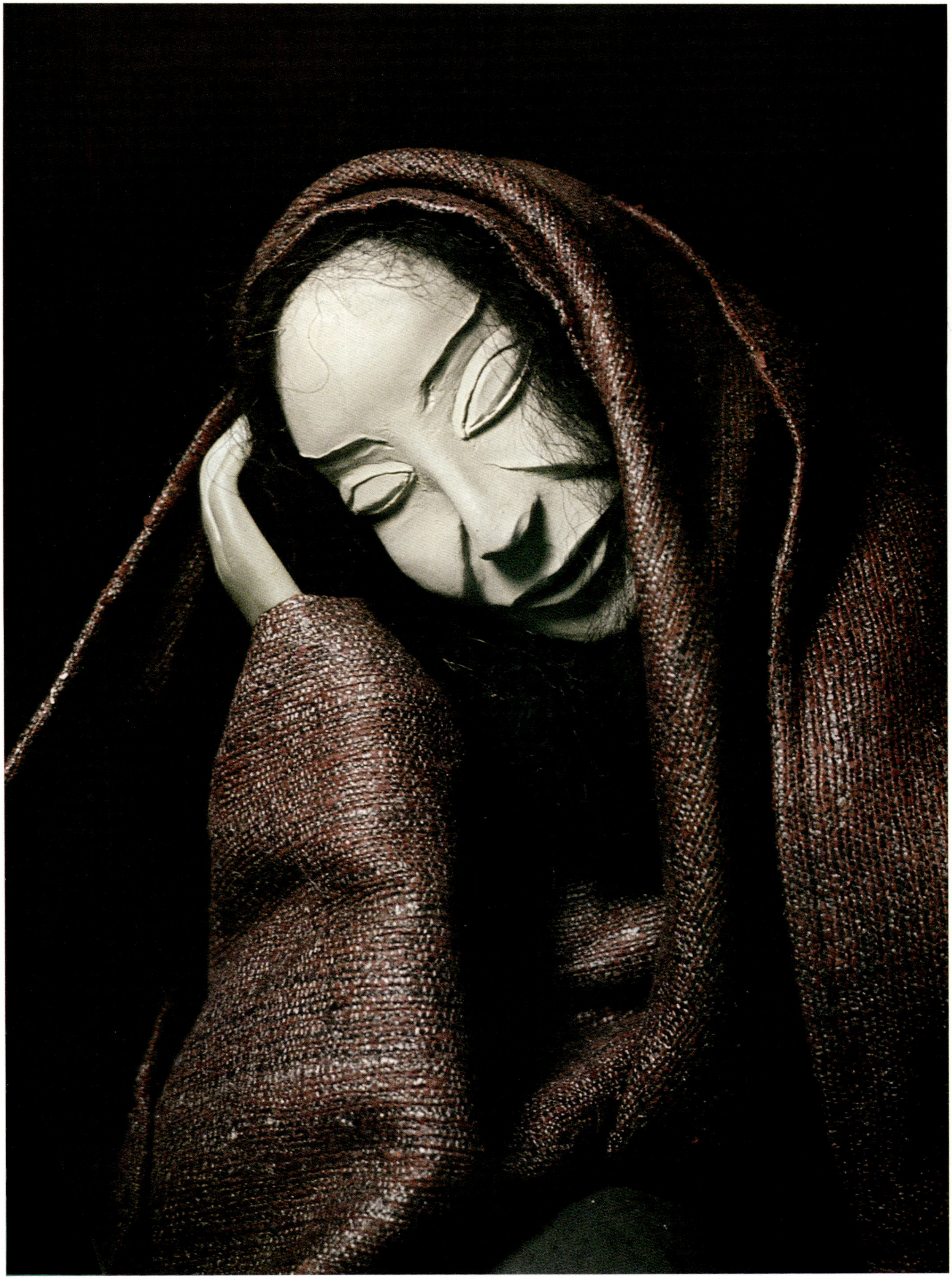

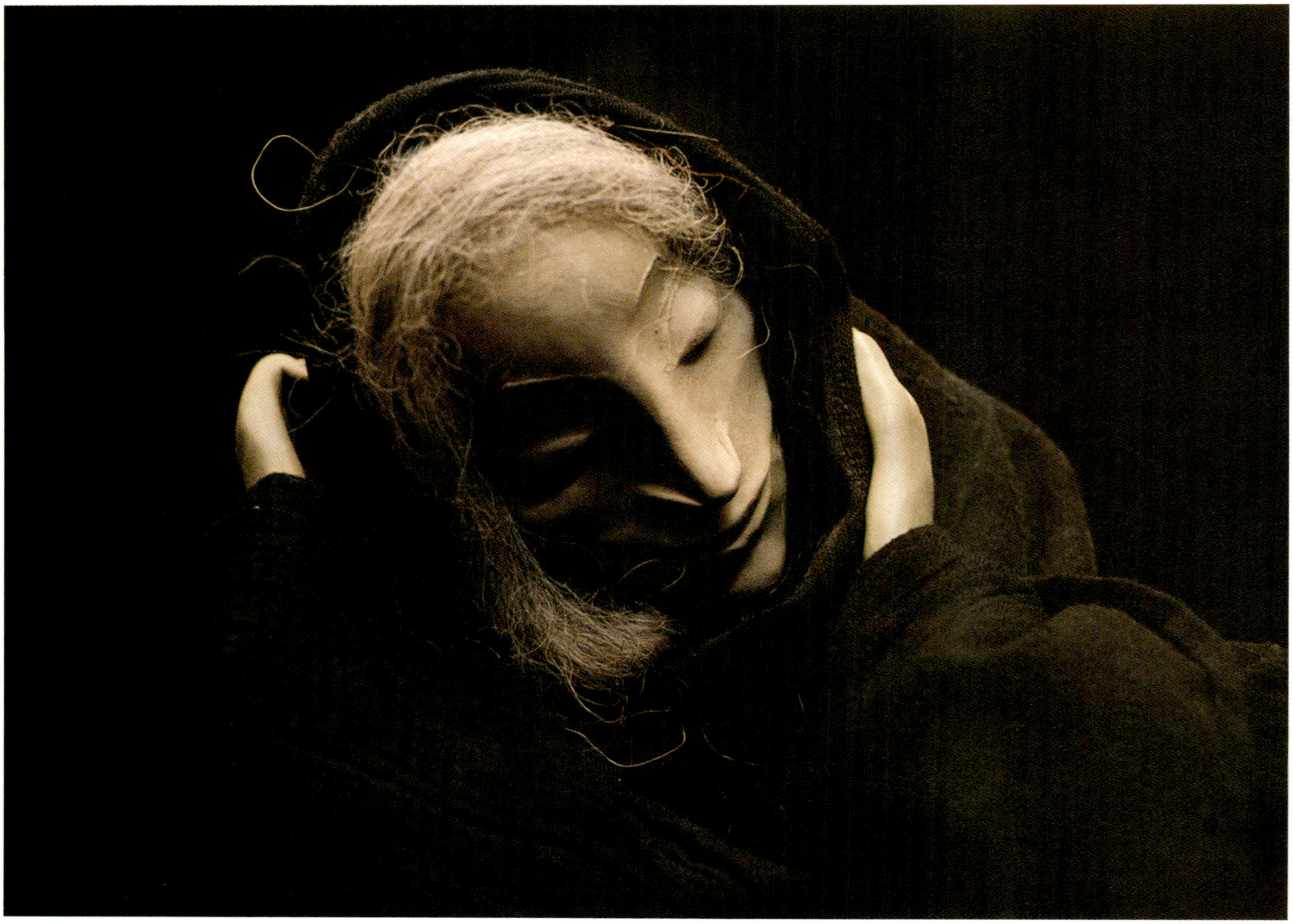

Die Zauberin

Manche lang durchwachte Nacht
In alt zerschlissenen Seiten suchend,
Zweifelnd, verzweifelt geblättert.

Gegen die schwankenden Formen und Zeichen
Des zögernd ansteigenden Rauches
Düstergeheim gehütete Worte gemurmelt.

Manche lang durchwachte Nacht
In kristallene Kugeln geschaut
Auf wechselnd wankende Bilder.

Mit dem magischen Stab die Zeichen geschlagen,
Um die schlafenden Geister zu wecken,
Den scheuen Blick angstvoll im Raum.

Manche lang durchwachte Nacht
Unter Hexengiften auf zerwühltem Lager
Wild und voller Ängste mich gewälzt.

Von höllisch dichten Träumen umgetrieben
In mächtiger Furcht nach Einsichten gerungen,
Durch Schmerz und Erschöpfung die Wahrheit gesucht.

Nicht zu reden von den Tagen dazwischen.

Bis ein wissend Kind über meine Schwelle trat,
Das schaut sich um in Neugier und Erstaunen,
Befühlt mein altes Gesicht mit leichten Händen.

Seine eine Frage traf mich bis tief hinein:
Wozu all die Bücher, Sprüche, Trank und Stäbe —
Die Zauberin — das bist doch Du?

Sieben Jahre ging's, bis ich's voll begriff,
Und ruhig geht seit jener Zeit mein Geist,
Wünsche, leicht gedacht, erfüllen sich.

Hell und klar in neuem Licht
Strahlen jetzt die Tage.

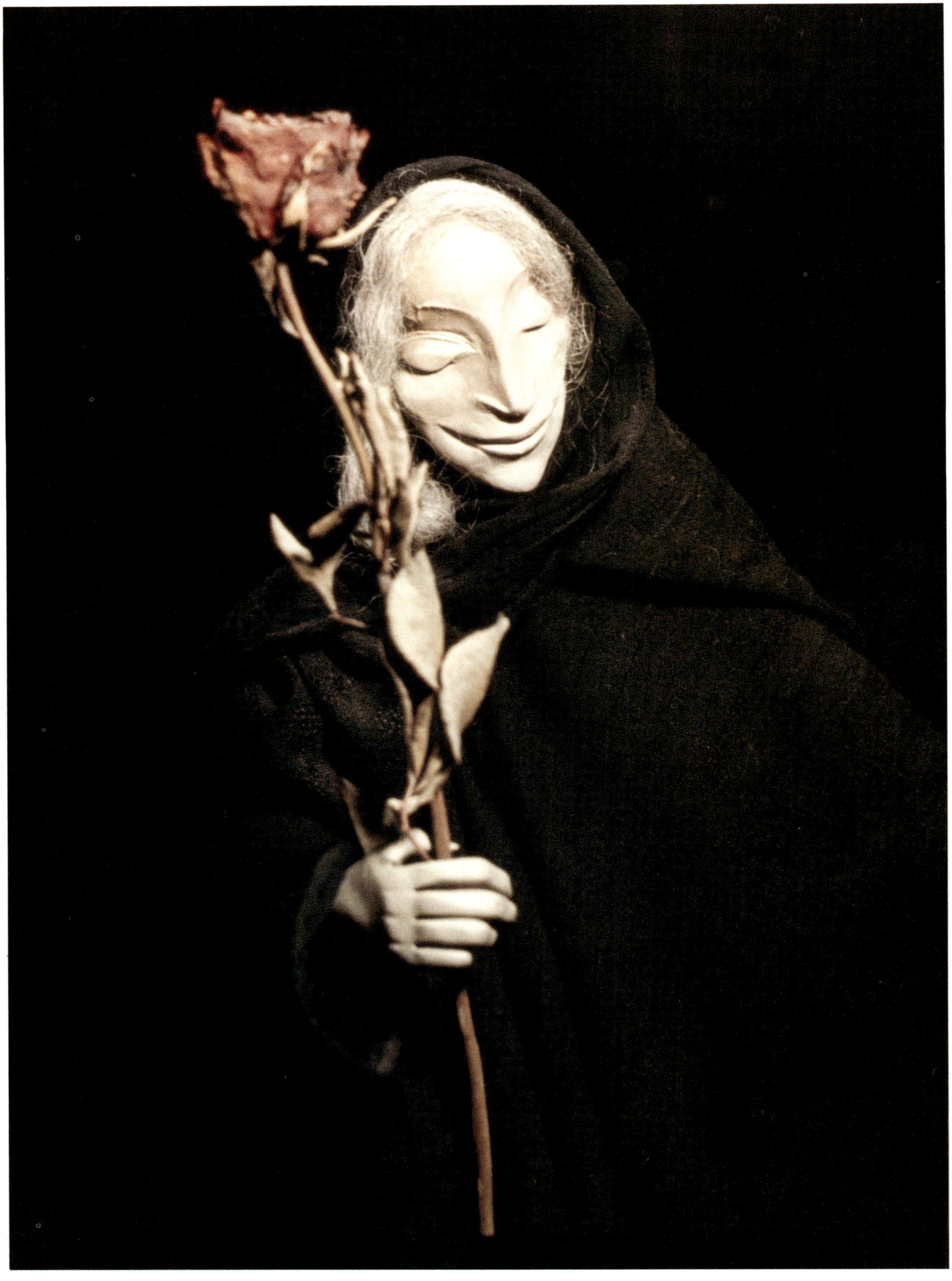

Befreiung!
Unvergessen der Tag
*Ein Lächeln blies
die schleichenden
Nebelwogen weg*

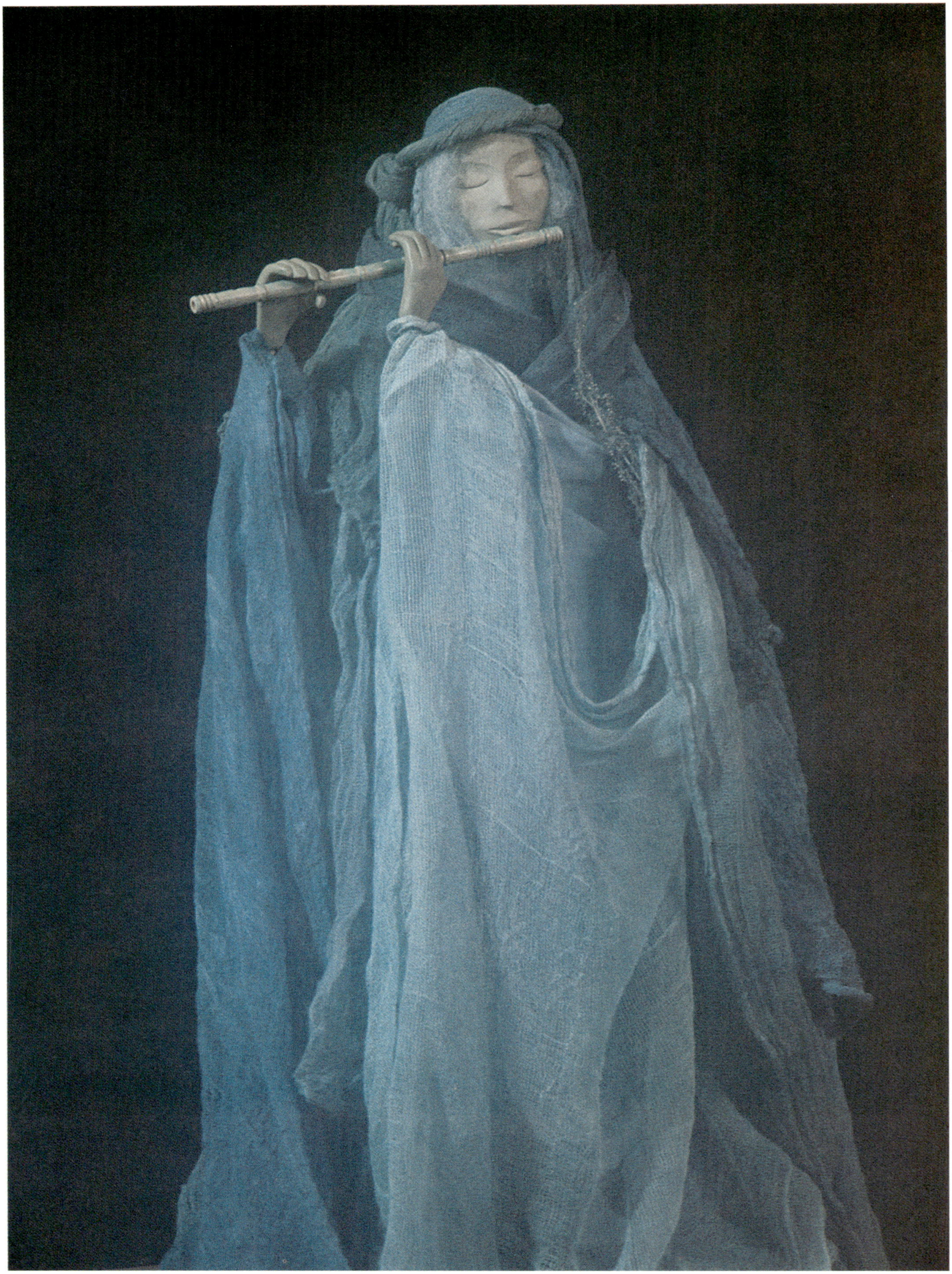

Sonnenwende

Es fallen die Tage
und steigen die Nächte.
Feuchter Nebel treibt
vor dem kalten Wind.

Tiefer sinkt das Tal
im Schlaf des Winters.
Schnee stäubt von Bäumen,
rieselt eisig nieder.

Es fallen die Tage
und steigen die Nächte.
Feuchter Nebel treibt
vor dem kalten Wind.

In Träume dichter
eingesponnen harren wir,
starren gebannt verloren
in Elend und Zerfall.

Zeichen um Zeichen versinkt
im hochwehenden Staub
einer sterbenden Zeit
rasch entschwindender Hoffnung.

Wann endlich bald
ist der Grund erreicht,
bereit zum Eingehen
sind wir müden leeren Seelen.

Ein Ton aus deiner Flöte,
machtvoll weit getragen ...

Es fallen die Nächte
und steigen die Tage.
Dein wundersamer Klang
bezwingt den Wind.

Erwachen im Tal
zum Lied des Frühlings,
erstes Wasser rinnt
durch bleiches Grün.

Es fallen die Nächte
und steigen die Tage.
Dein wundersamer Klang
bezwingt den Wind.

Wir öffnen die Augen
nach langem Schlaf
entgegen den Strahlen
der erklingenden Sonne.

Singend umfliesst ihr Licht
frisch aufgeblühtes Sein,
streift den warmen Boden
und küsst die Luft.

Ein jedes geht aus sich
heraus und hoch hinauf
zu lichten Zaubertönen
aus deiner hellen Flöte.

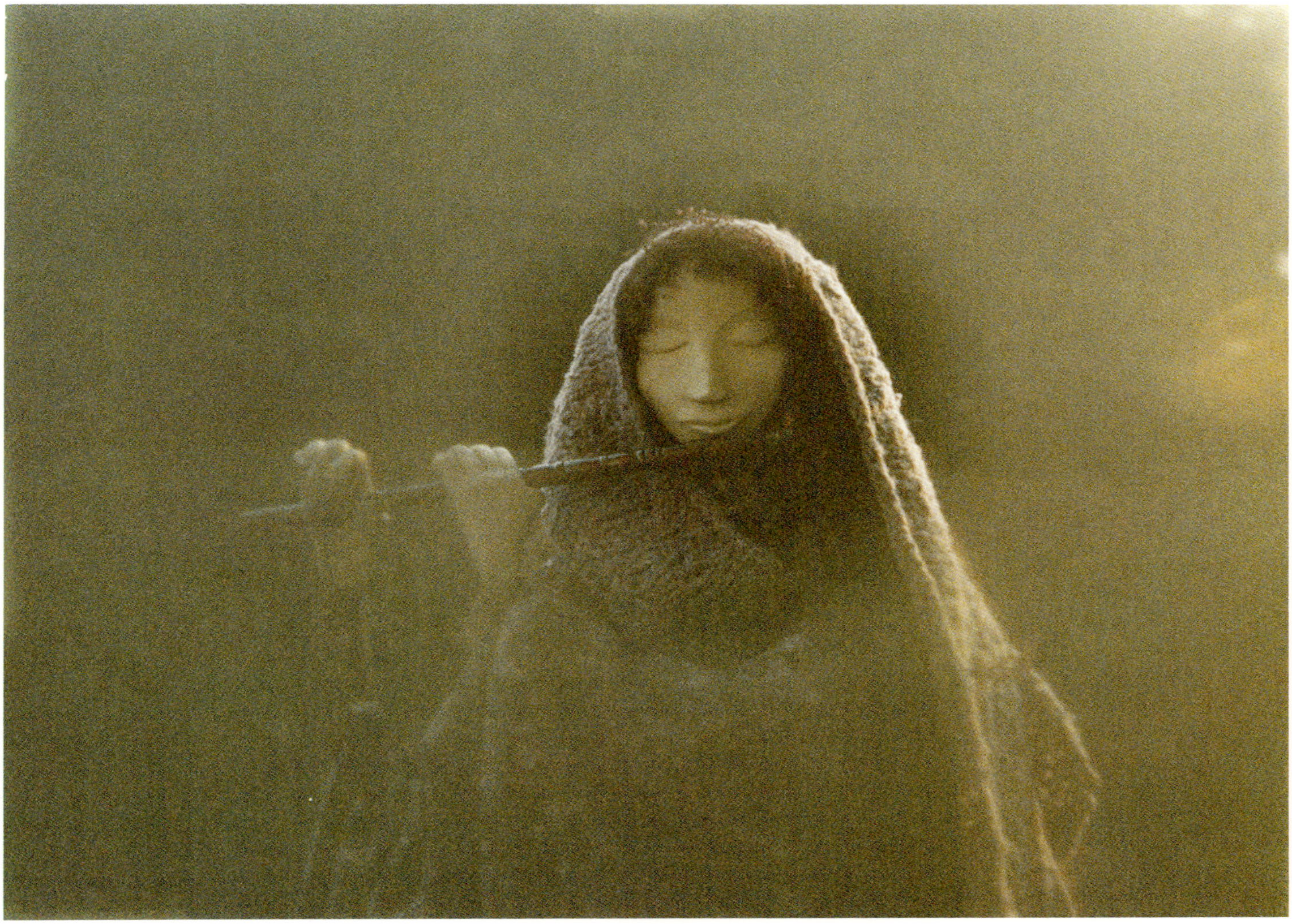

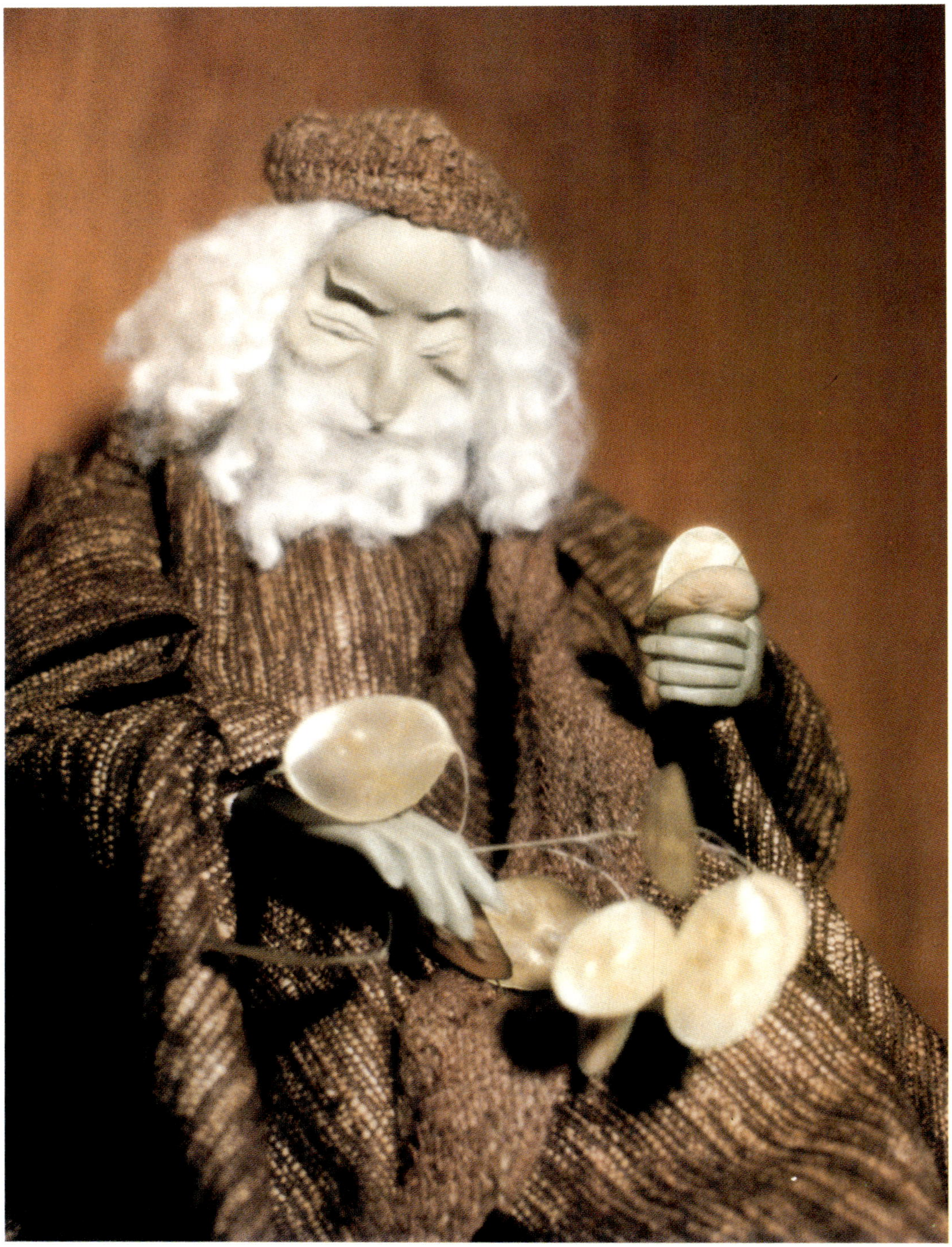

Verklingen

... Ausklang
das ist Einklang
in Räume der Stille

Der Blumen
stete Neugeburt
aus dem Licht
des Lebens ...

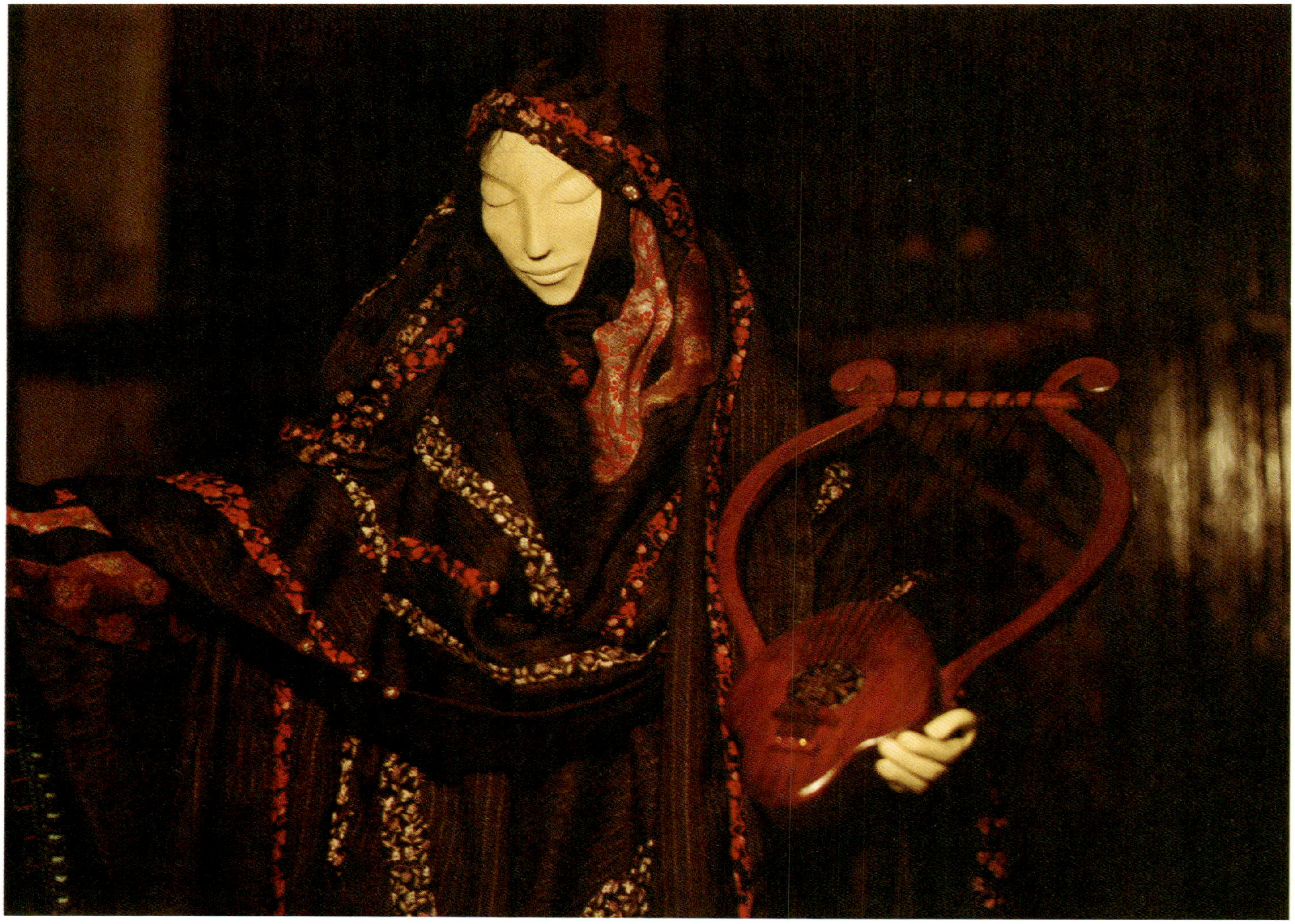

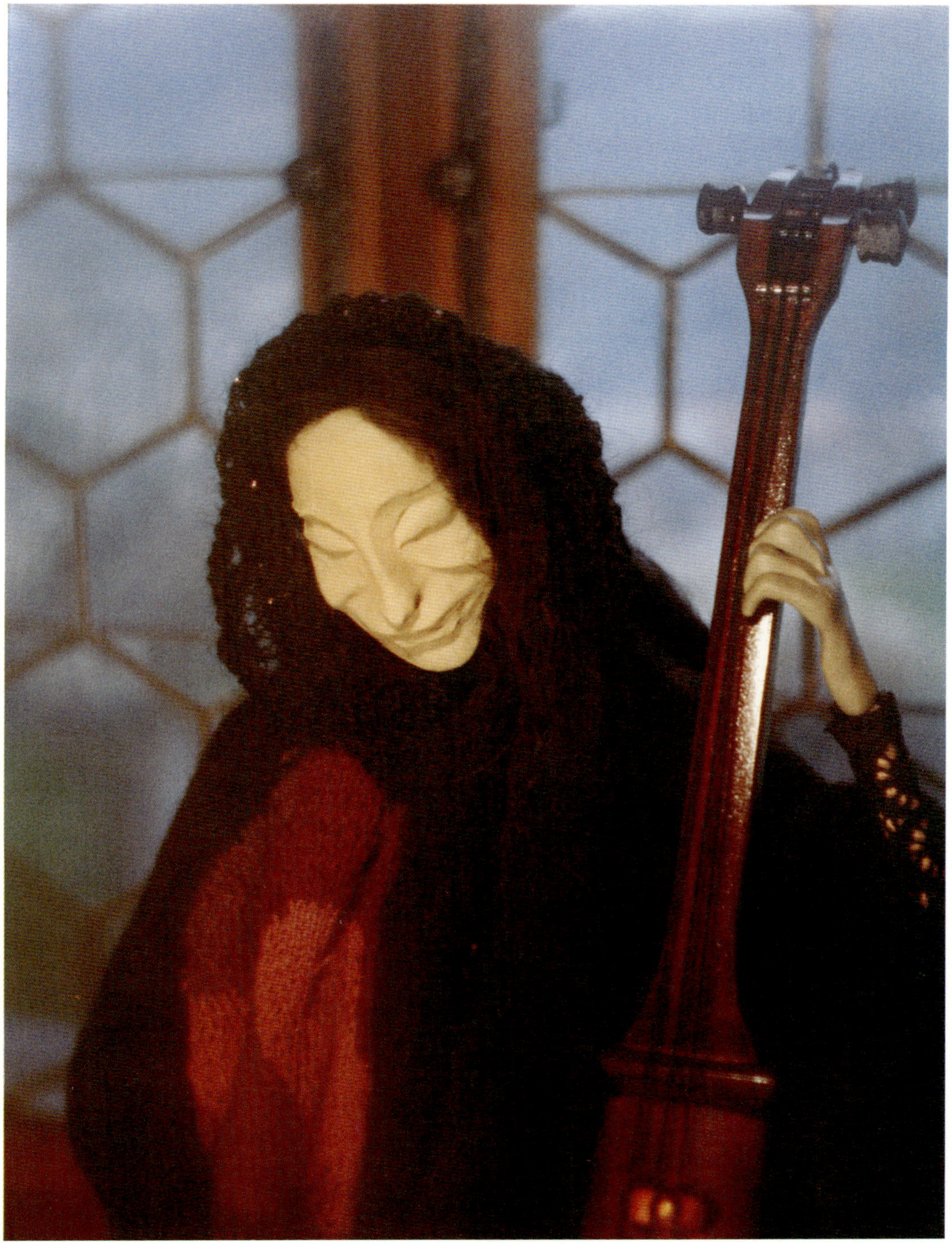

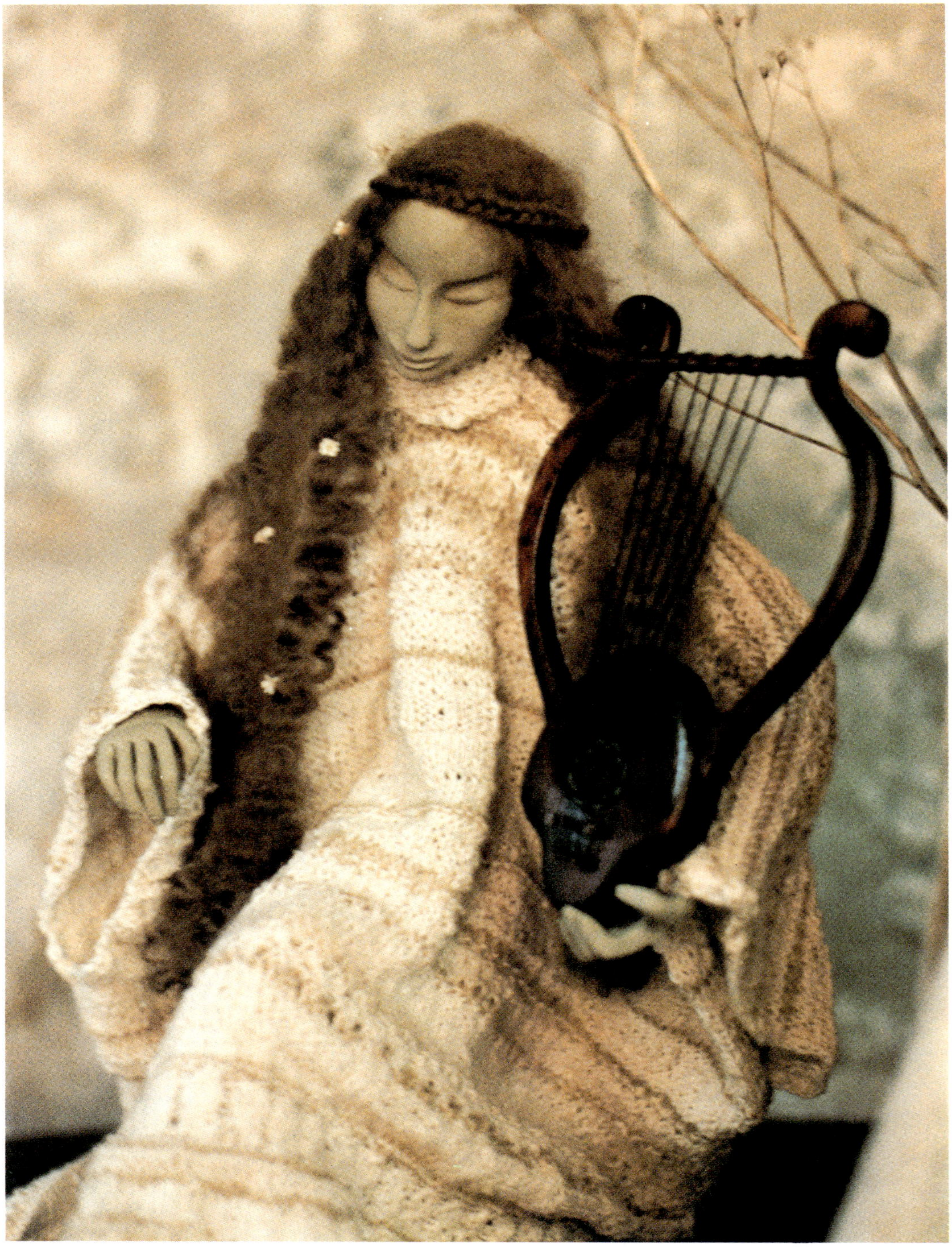

Erfüllung:
Leer sein
Sich erfüllen

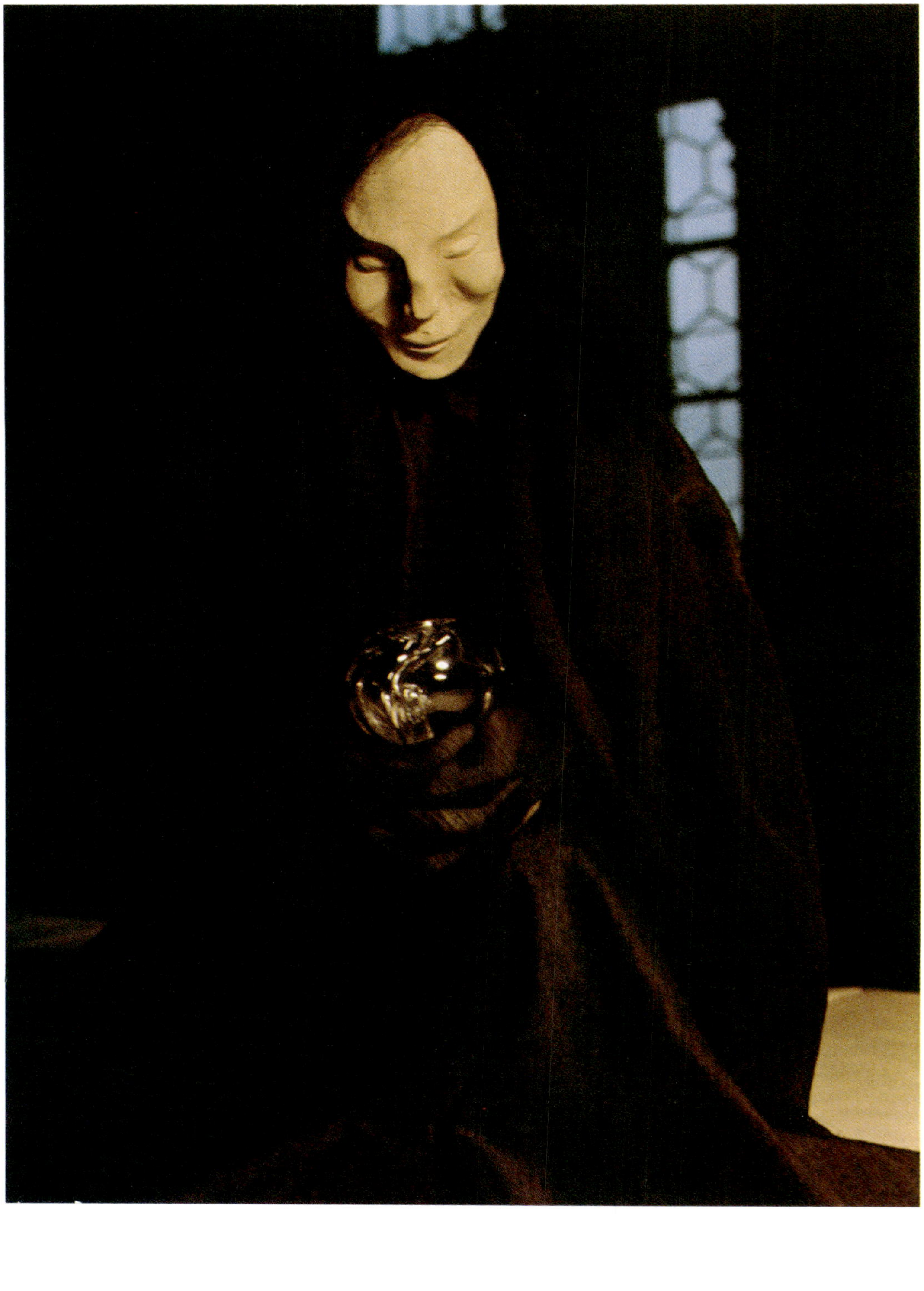

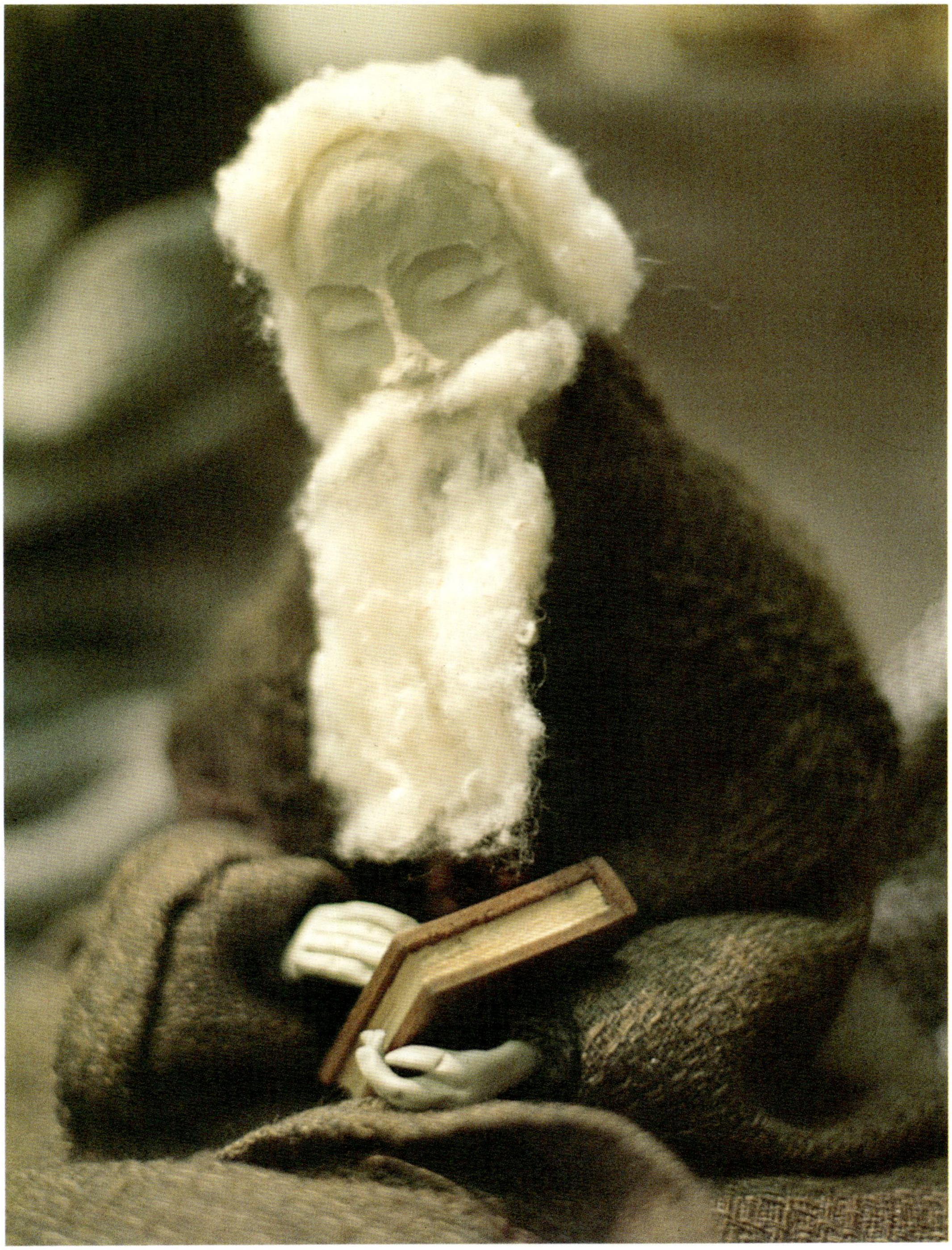

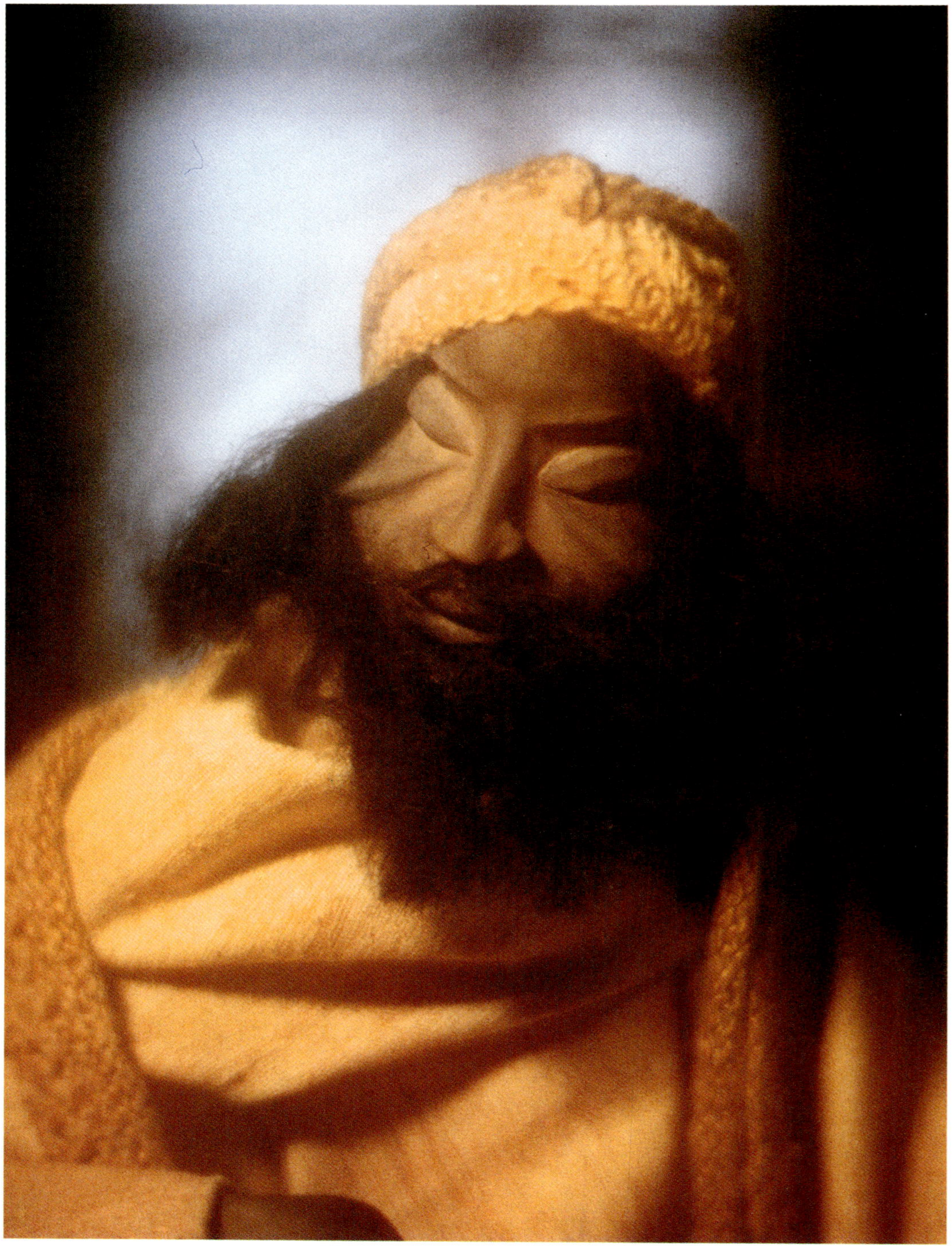

Traumreise

In spielend bunte Blumenmuster
lösen die kahlen Wände sich auf.
Über den Fenstern wölben Bogen
die Rhythmen einer fremden Welt.
Draussen fliesst das Dämmerlicht sanft
in die schwerduftende Nacht hinein.
Aus den Blättern raunen Stimmen,
leise von Liebe und Verführung singend.

Über die Hügel wogen die Mengen
in Scharen talwärts zum dunklen Flusse.
Vögel gleiten, schwärmend bunt und wild
den überrunden, Früchte sprühenden Bäumen zu.
Augenpaare hinter Schleiern huschen lautlos
rasch durch enge Gassen, und Herrscher
auf Terrassen deuten heimlich in die Tiefe.

Ein leiser Wink, und über die vielen Dinge
sinkt verhüllend ein schwerer Schlaf, nur
schwirrend tönt weiter betäubende Musik
aus tausend fernen Trommeln; ein zweiter Wink:
Der Vorhang teilt sich, auf die Bühne treten
Könige, Ritter, Frauen und Bettler, spielend
vor fliessenden Kulissen alle Dramen jener Welt.

In spielend bunte Blumenmuster
lösen die kahlen Wände sich auf.
Über Fenstern wölben Bogen
die Rhythmen einer fernen Welt.
Draussen fliesst das Dämmerlicht sanft
in die schwerduftende Nacht hinein.
Aus den Blättern raunen Stimmen,
leise von Liebe und Verführung singend.

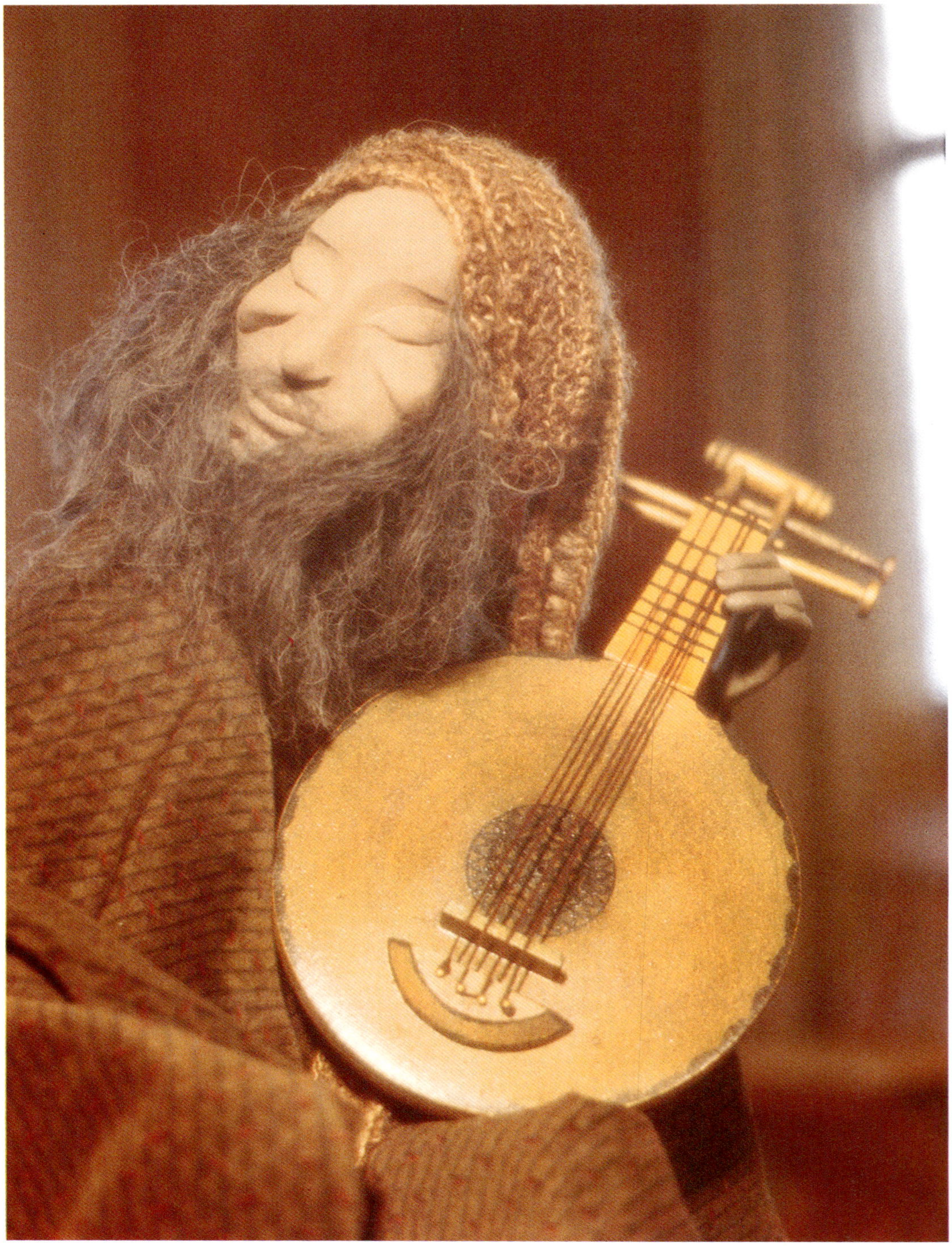

Herbstlied

Im ersten Viertel
wächst der Mond,
durchs letzte Viertel
treibt das müde Jahr
Schnee, Nacht und Kälte zu.

Der Ahorn wirft
im windleeren Raum
seine Flügelsamen aus.
Schwirrend kreisen sie zu Boden
nahe dem alten Stamm.

Schwarz stehen die Leiber
uralter Kugelweiden
reihentlang dem Wasserlauf.
Silbern fängt dicht darüber
Nebel sich in schlanken Zweigen.

Zeit, mein Lied zu singen,
noch tragen die Lüfte
Klänge in langen Zügen
über weissbereifte Wiesen weg,
hinauf zum nächtlichen Gestirn.

Zeit, mein Lied zu singen,
noch hängen in den Wäldern
tauschwer rotgefärbte Blätter.
Sie trinken letztes Licht
und atmen tiefes Schwarz.

Zeit, mein Lied zu singen,
schon warten die Stürme
über den nördlichen Meeren,
bereit, brausend einzufallen
in das sterbende Land.

Zeit, mein Lied zu singen,
denn jetzt brechen Streifen
eilig aufziehender Wolken ein
ins Rund meines langsam
sich erfüllenden Gestirns.

Im ersten Viertel
wächst der Mond,
durchs letzte Viertel
treibt das müde Jahr
Schnee, Nacht und Kälte zu.

Dieses Innehalten
im lautlosen Fall
durch vorbestimmte Stufen.
Dieses Rückwärtsschauen
in runde, volle Zeiten.

Dieses kurze Verweilen
im steten Abwärtssinken.
Zeit für das grosse Lied
an mein Gestirn, das blüht
und wächst im ersten Viertel.

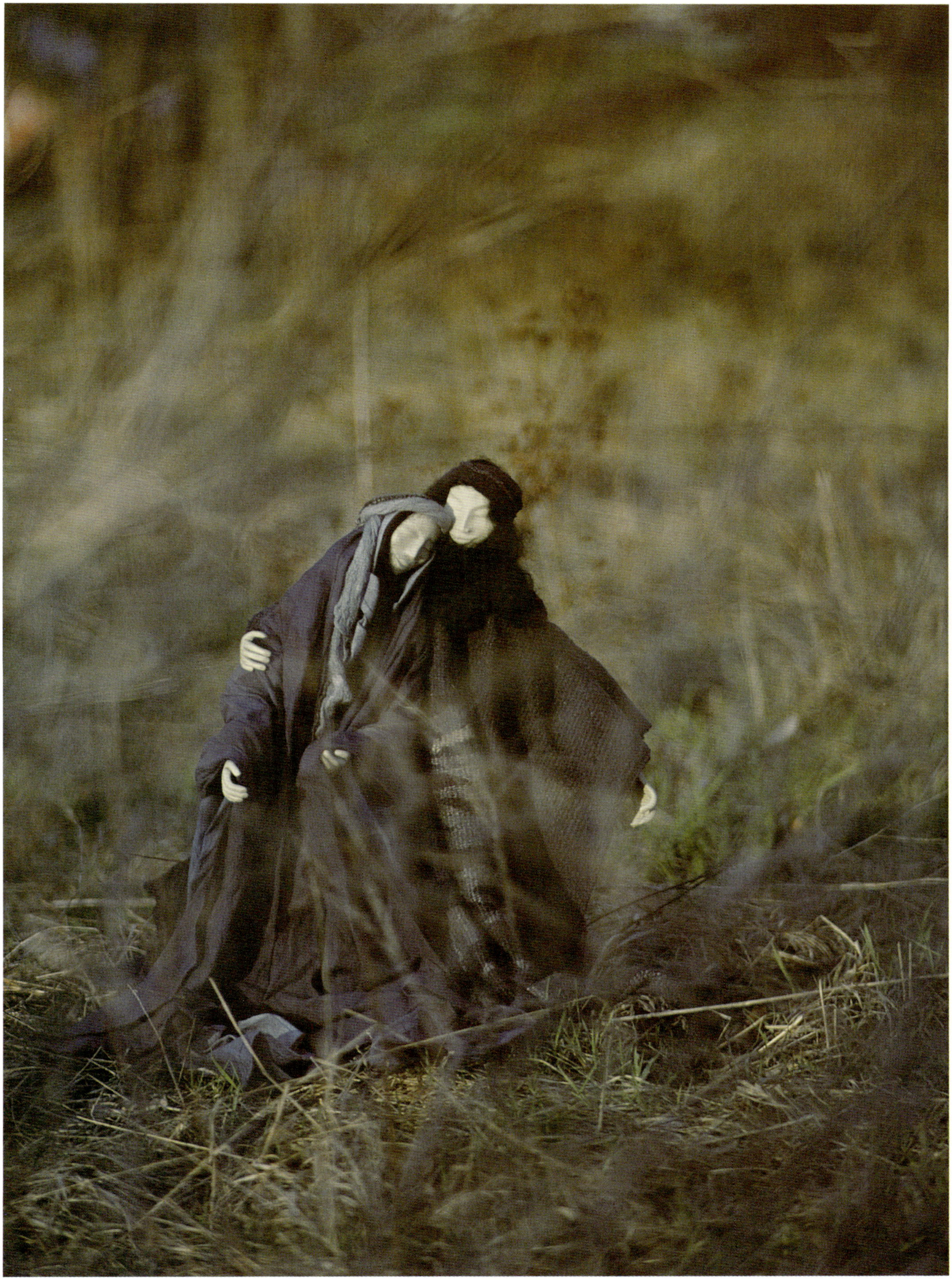

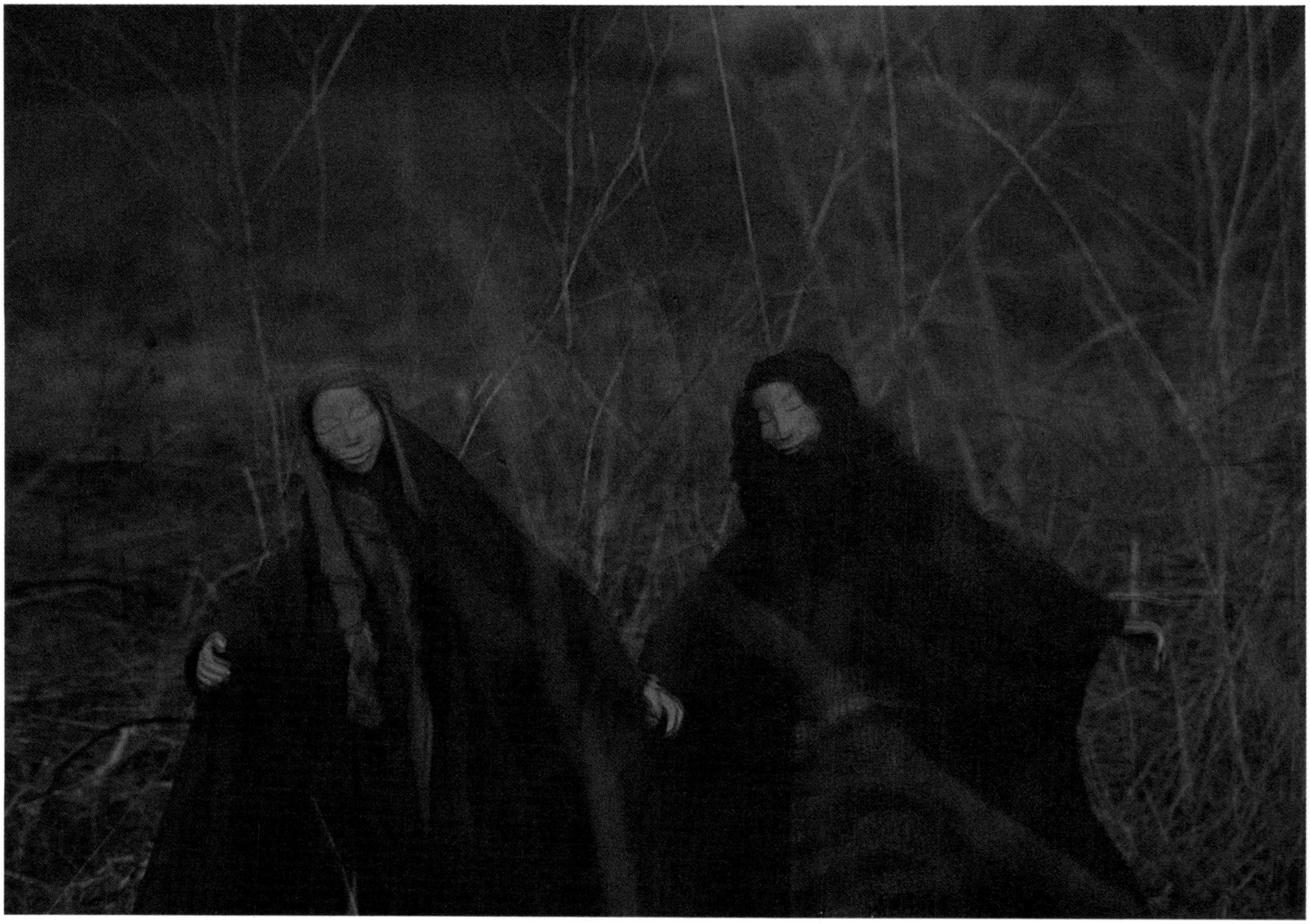

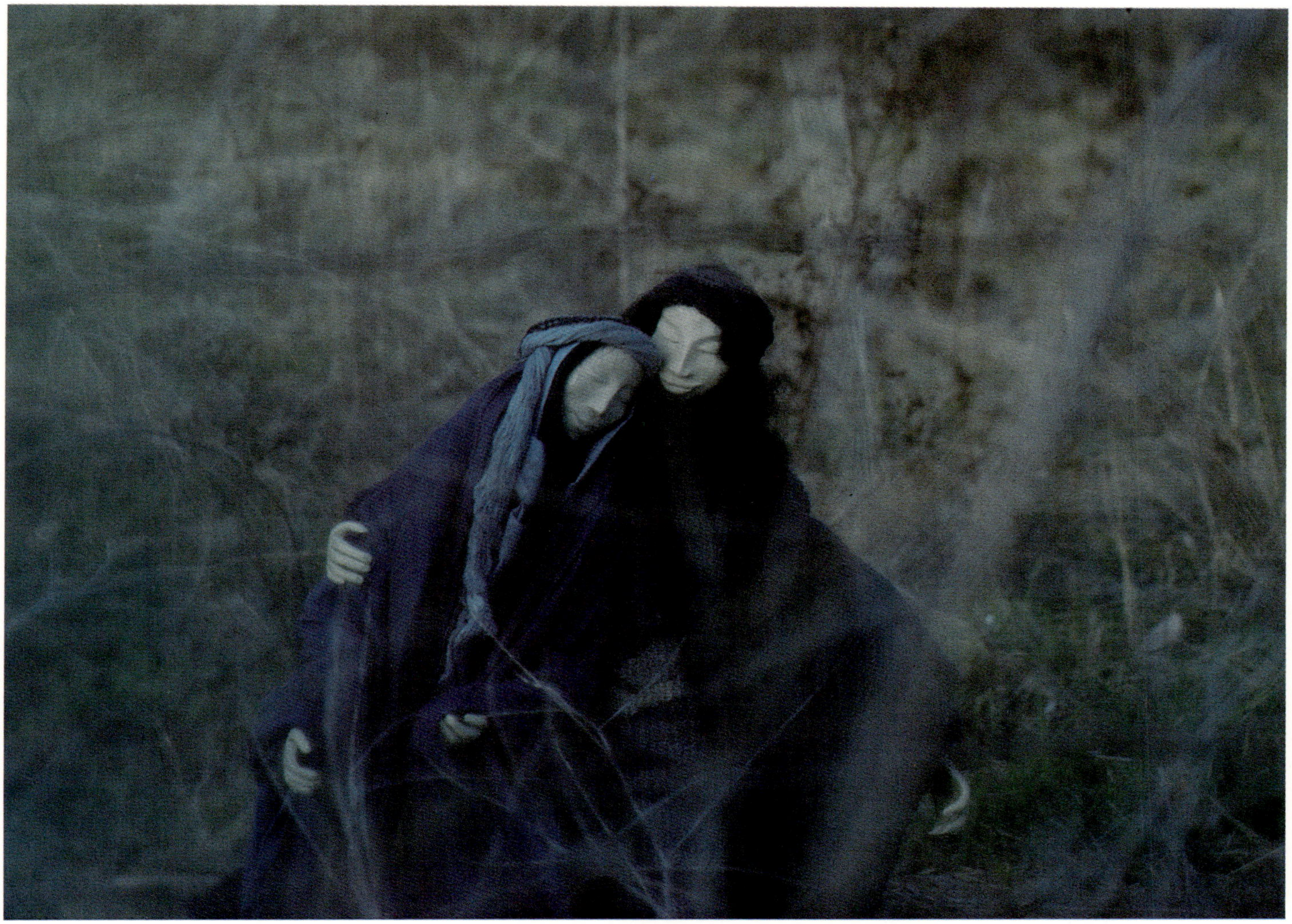

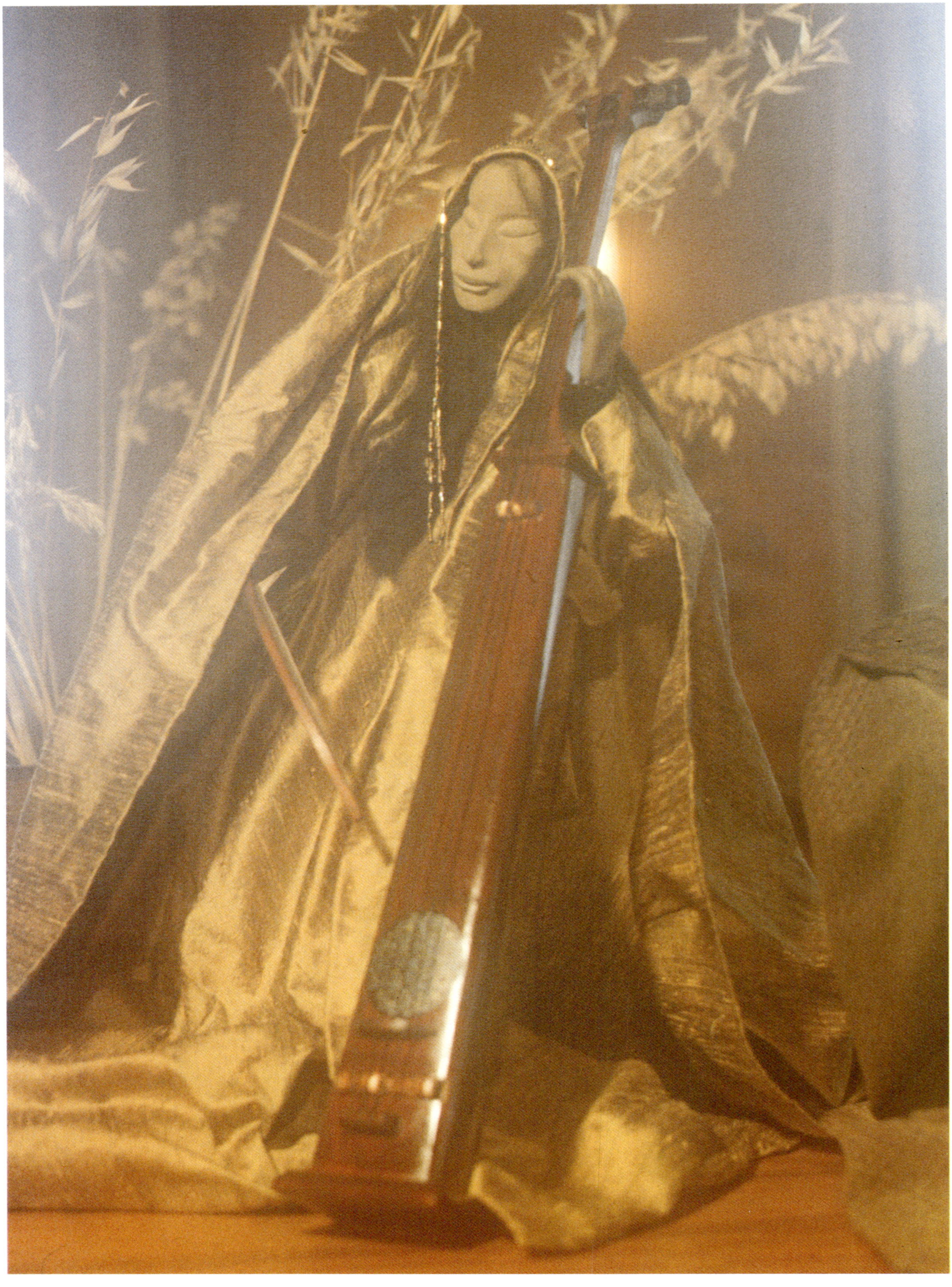

Lasst ein wenig Raum

Lasst ein wenig Raum
zwischen Rauch und Dunst,
die ihr in dunklen Wolken
pausenlos zum Himmel jagt.

Lasst ein wenig Raum
zwischen Ordnern und Karteien,
wo ihr ein jedes Ding registriert
und in kalte Pläne einbezieht.

Lasst ein wenig Raum
zwischen Zeiten und Terminen,
die sich in Spiralen jagen,
einwärts stürzend ohne Ziel.

Lasst ein wenig Raum
zwischen Bomben und Raketen,
mit welchen ihr auf Menschen zielt,
die zu Feinden ihr gewählt.

Lasst ein wenig Raum
zwischen Dogmen und Parolen,
die ihr einander laut und voller Hass
in die engen kleinen Herzen stopft.

Und ihr schenkt mir einen Platz,
den erfülle ich mit meiner Musik,
die endlos leise klingt in mir,
seit aus jener fernen Welt ich ging.

Musik, niemals vernommen hier,
auf unbegreiflichen Flügeln
trägt sie über jeden festen Grund
euch höher als alle Erdenhimmel.

Durch leere schwarze Wüsten,
zwischen einsam sich drehenden Gestirnen,
fliegen wir auf wirbelnden Strömen
stiebender Flocken voll Licht und Gold.

Ausgelassen tanzen wir und wild
die grenzenlosen Figuren der Freiheit.
Erfahren, was wir waren, was wir sind:
Lichterwesen, ungebunden, unbeschrieben.

Atemlos in steilem Flug erreichen wir
aus schwindelnder Höhe die kleine Erde.
Beseelt von Wissen, erfüllt mit Kraft,
baut ihr mit leichten Händen:

Eine lichte Welt, eine strahlendere Welt,
für euch und nicht gegen euch,
für eure Kinder, nicht gegen sie.
Und ohnmächtig seh'n es die einst Mächtigen.

Lasst ein wenig Raum
zwischen dem,
was ihr nicht wollt.

Lasst ein wenig Raum
zuinnerst in euch
für das, worauf ihr wartet.

Lasst ein wenig Raum
für jene Wesen,
die kamen, euch zu spielen.

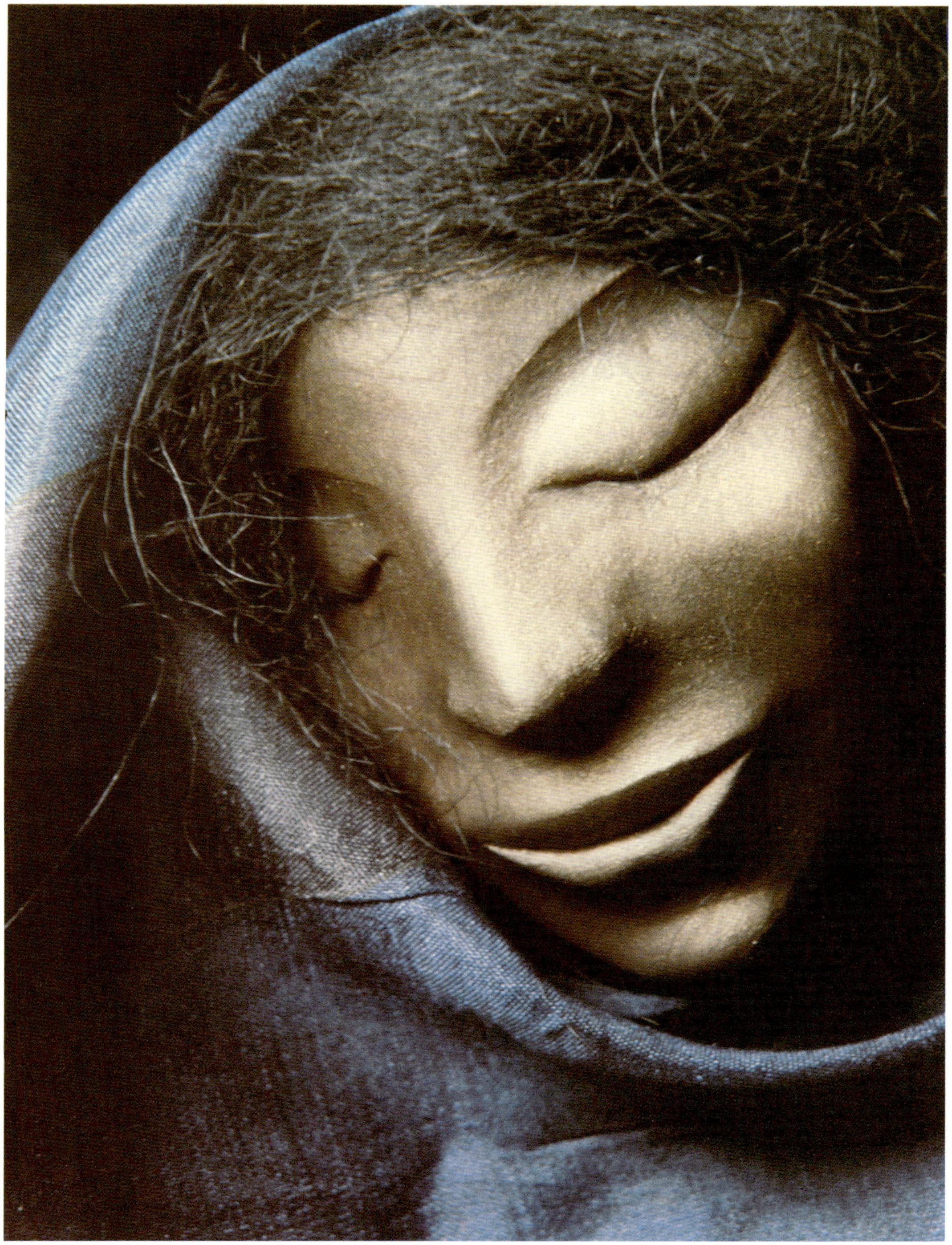

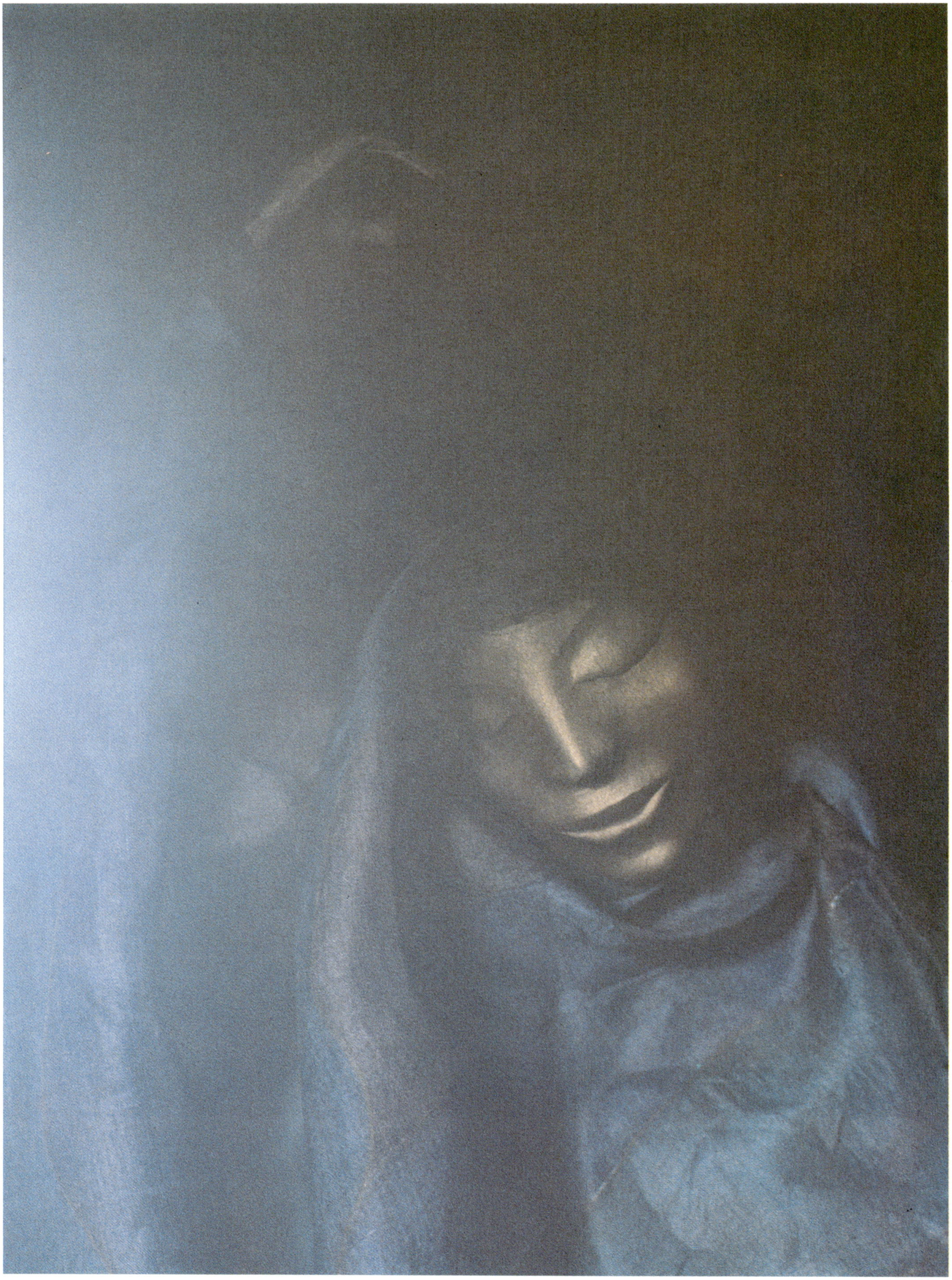

Die Tänzerin

Dunkel rollen die Töne heran,
ruhend, dicht am Boden
dein gelöster Körper, empfangend
in Schwere diese ersten Wellen.

Herausblitzenden Strahlen gleich,
im hochsteigenden Sonnenlicht,
bricht aus nebelhafter Klage
eine Flöte hell hinaus.

Leicht, mit schwirrenden Schwingen
hebt es Dich empor vom Grund,
in glitzernden Falten folgt
als steigende Flamme das seidene Kleid.

Auseinander brechen die Hände in Finger,
hinausfliegend in grenzenlosen Bahnen
hinein in Räume, stürmisch ausgemessen
von wilden, uferlosen Blicken.

Ruhiger, in grossen Bogen, holen Violinen
tief aufgebrochne Weiten ein,
und langsam, in breit getragenen Stufen,
spielen Melodien einer letzten Höhe zu.

Jäh sinkt es in deinen schwarzen Augen,
ein jedes ziehst Du dicht heran an Dich
zum Abschied, zum allerletzten Ende —
und gibst uns wieder frei.

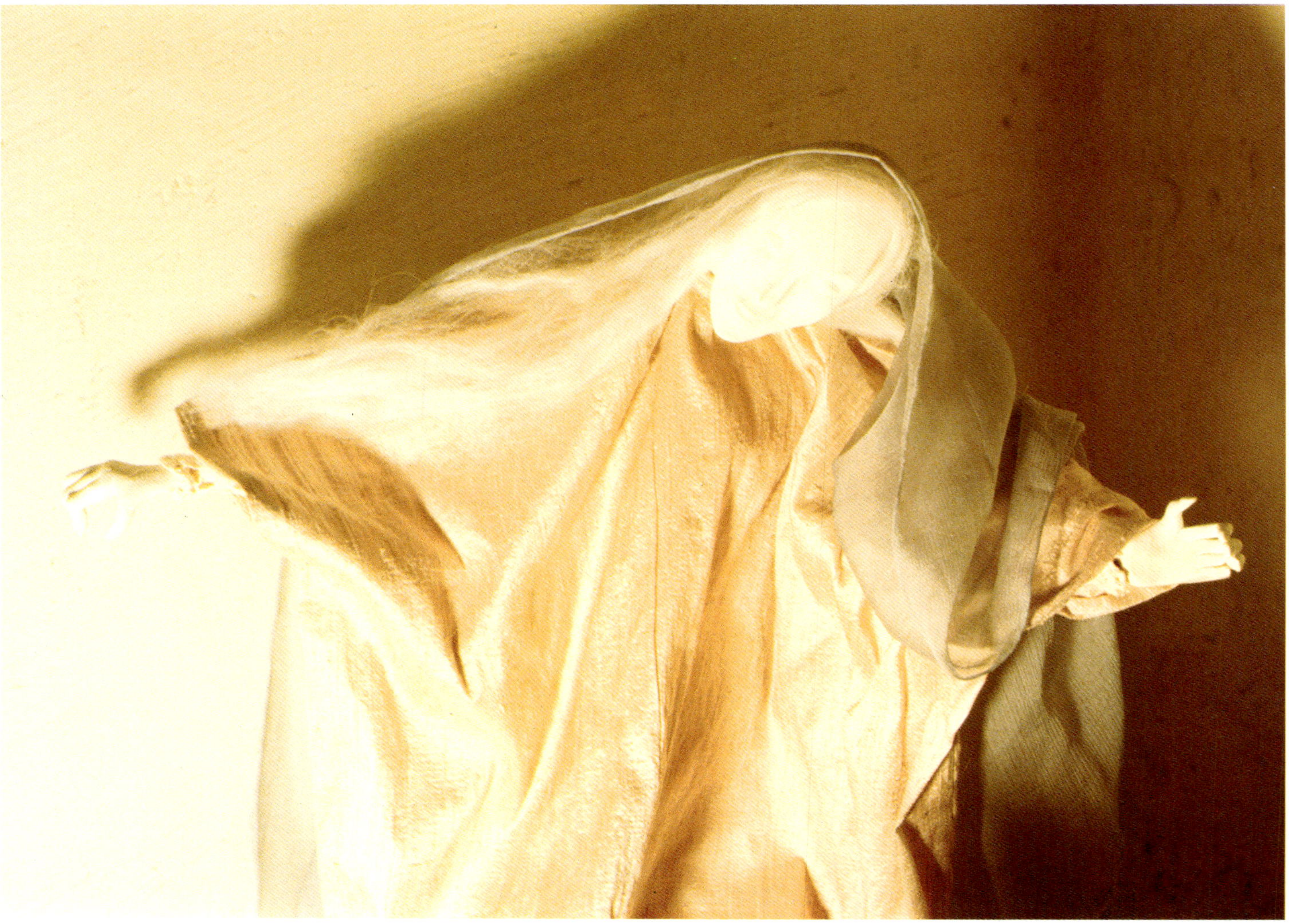

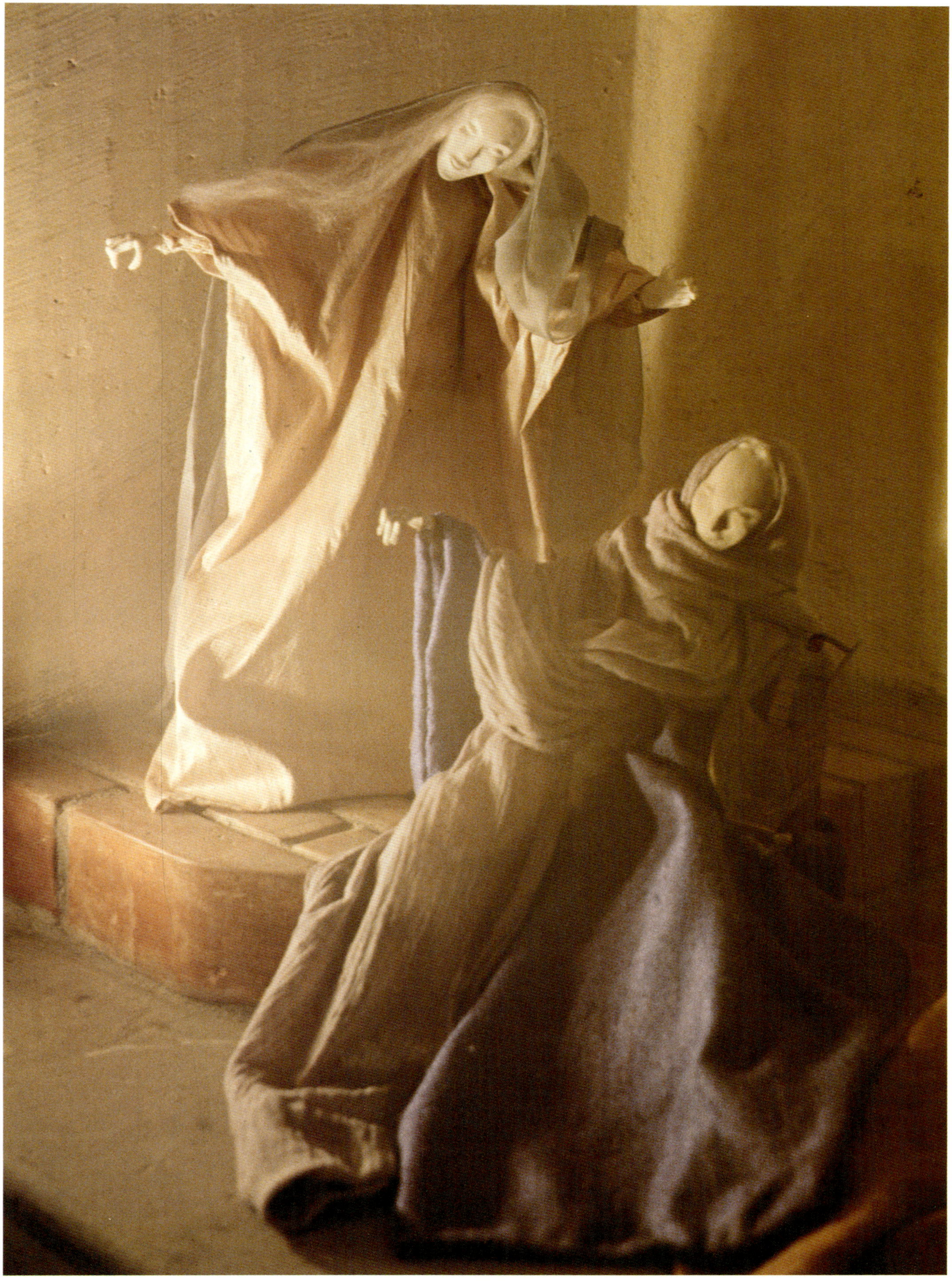

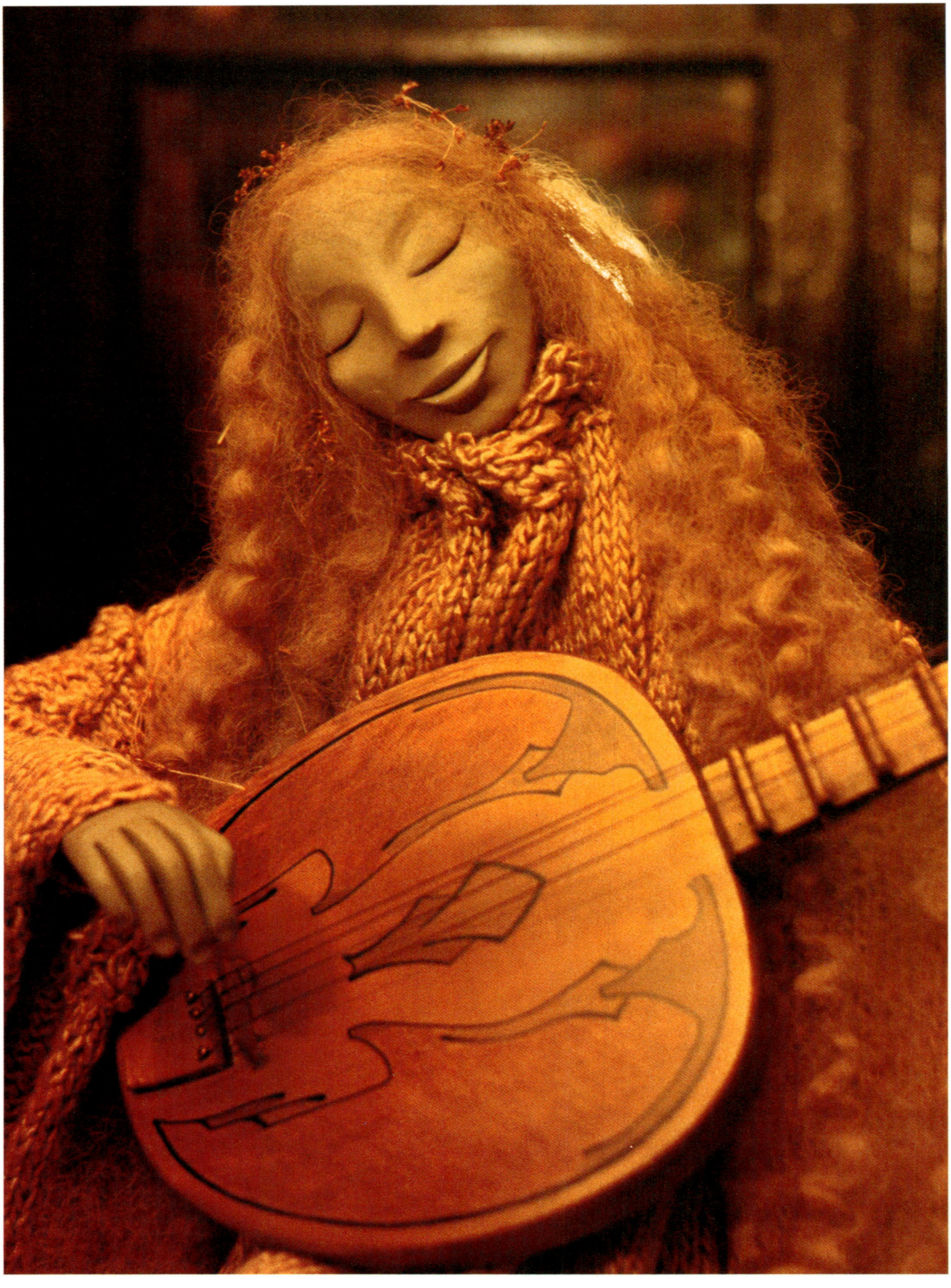

Anmut

Schwebend schwingend gleitest Du
in leichten hellen Zauberschritten
über dunklen Grund, schwarz und tief
wie schwerer Samt, geboren aus der Nacht.

Unter deiner Schritte Sonnenspuren,
die klar und weit sich messen,
blühen auf in Licht und Farbenspiel
unzählig rund die Blütenknospen.

Schwebend schwingend gleitest Du
in leichten hellen Zauberschritten
über dunklen Grund, aufglitzernd
tief darin die formenvolle Perlensaat.

Unter deiner Schritte Sonnenspuren,
die klar und weit sich messen,
öffnen breit und hell sich liebevoll
zum Leben angehauchte Blumenkelche.

Schwebend schwingend gleitest Du
in hellen leichten Zauberschritten
über dunklen Grund, hervorbrechend
bunt in Kränzen lauter Sterngestalten Licht.

Unter deiner Schritte Sonnenspuren,
die klar und weit sich messen,
wächst empor ein endlos Strahlenfeuer,
Haupt um Haupt erwachter Lichterwesen.

Schwebend schwingend gleitest Du
in leichten hellen Zauberschritten
über dunklen Grund, das Leben schaffend
liebevoll aus deiner starken Mitte.

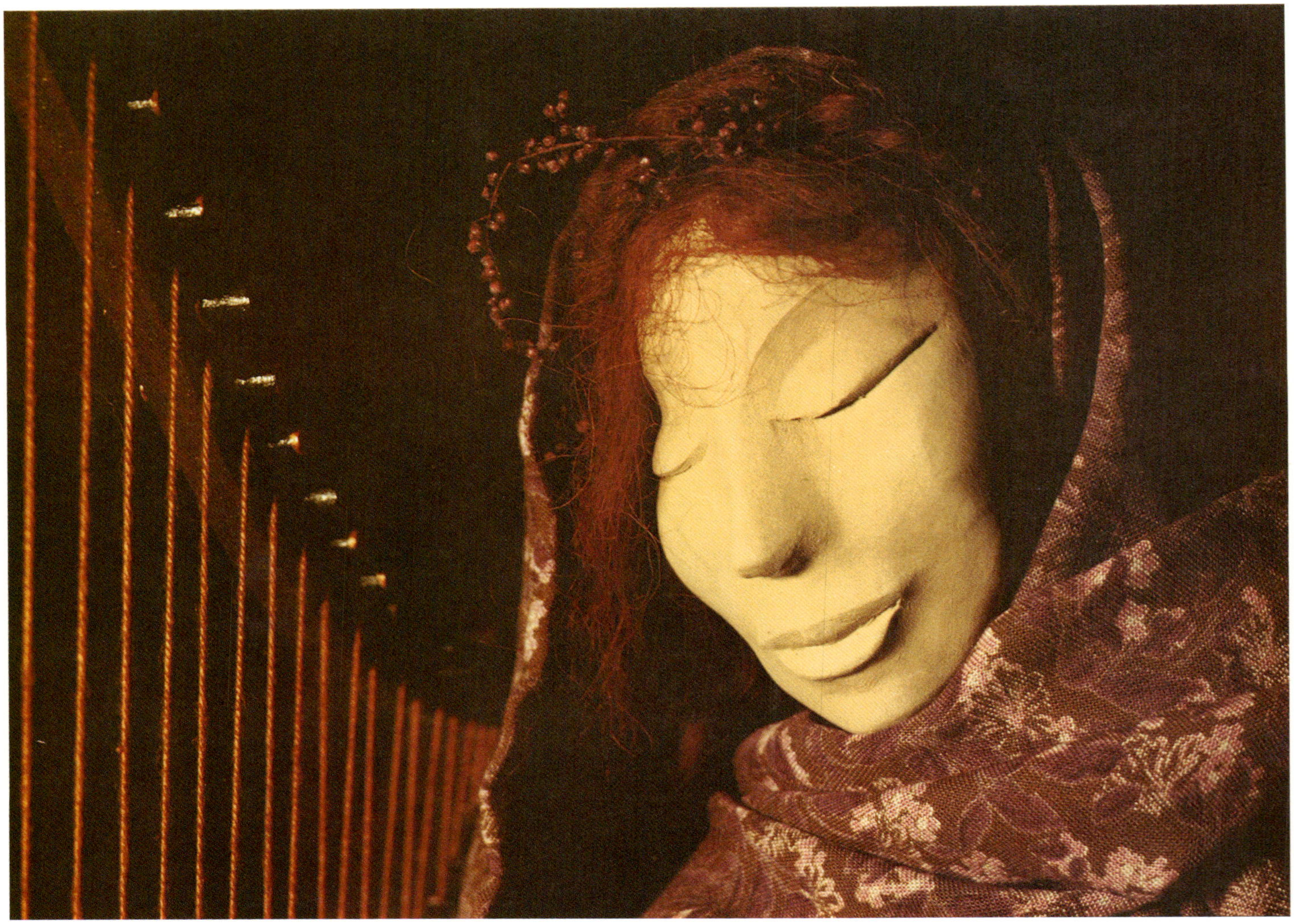

Harfenspiel

Vom hohen Bogen sinken Saiten,
Strahlen aus gestrafftem Silber,
hinunter in bewegten Reihen,
Dich erwartend in die Tiefe.

In erster sachter Wendung,
gleichsam wie zur Probe,
übergleiten deine schmalen Hände
der Harfendrähte stille Rhythmen.

Zart beugt sich dein Finger,
gibt einem Strahle schwebend Klang,
und Leben schwingt hinaus
zu uns, die schweigend lauschen.

Lichter wachen auf und mischen
in singenden Mustern sich,
immerfort entströmen Formen,
entsandt aus deinen Träumen.

Du trägst uns mit in Räume,
steigend, wachsend ohne Ende
auf Pfeilern, einer dem andern
bebend Stütze reichend.

Farben schimmern golden auf
quer durch die zitternden Lüfte,
gleiten in tanzenden Schwärmen
vorbei an aufgelösten Wänden.

Begegnen uns in steten Wellen,
brechen auf ins tiefste Blau.
Grüne Feuer sprühen und versinken
in rote Tupfen satter Blumen.

Unmerklich, lautlos schwarz,
still die stumme dichte Nacht
zieht ins bodenlose Dunkel
Stern um Stern der Schöpfung.

Ein allerletztes Flämmlein
entrinnt behend dem Ende.
Die Spielerin, sie schenkt es uns;
den letzten Klang vom Lied.

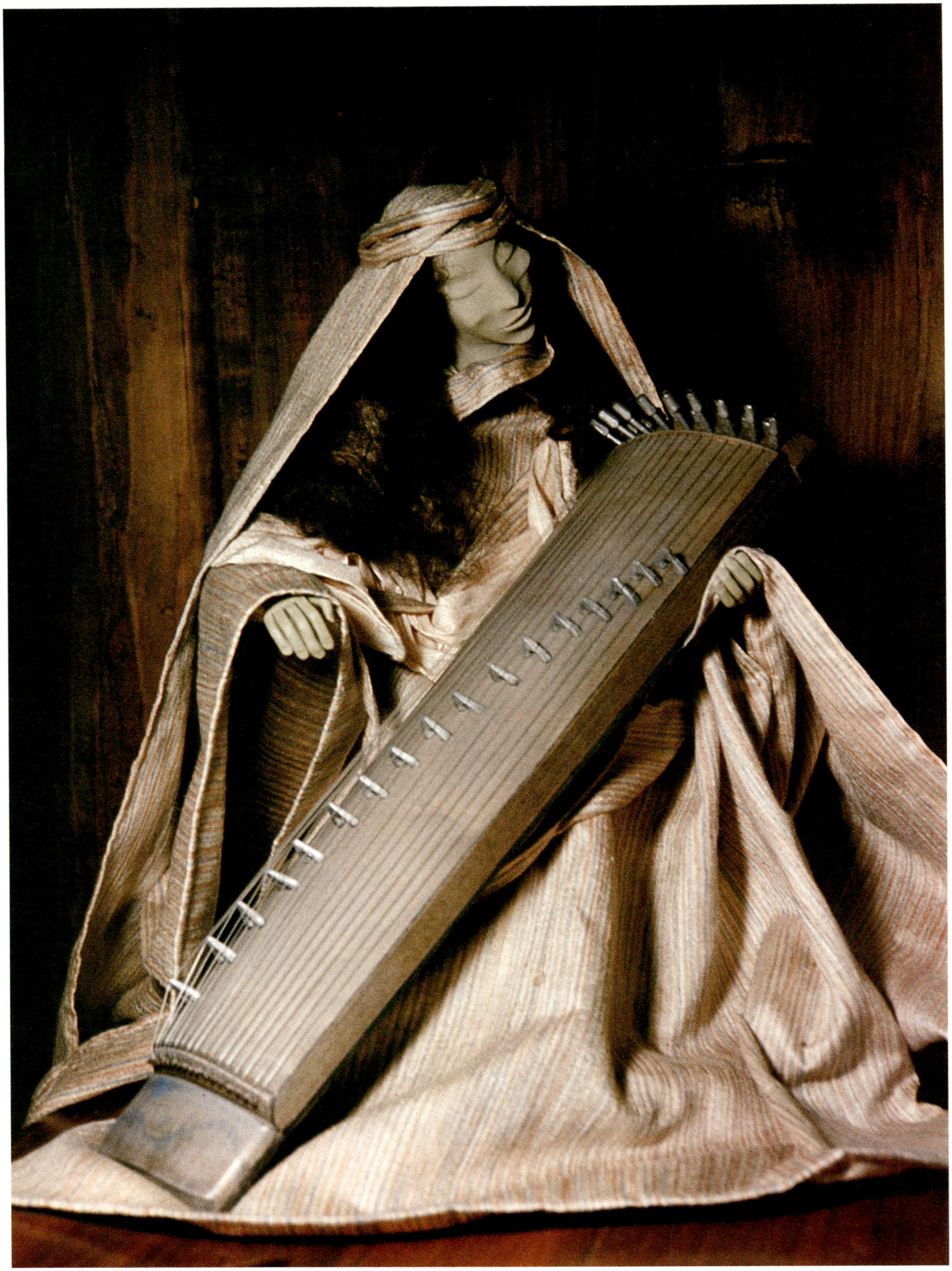

Klang des Schweigens

Hört Ihr mich — ohne Bogen und Saite,
ruhend die Hand — stumm das Instrument?

Lautlos wachsend steigen Blumen
ohne Zahl aus mir als Wesen hoch,
entfalten strahlend sich in Sternen,
die leg ich Euch ins dichte Haar
als Schmuck und Boten meiner Liebe.

Hört Ihr mich — ohne Bogen und Saite,
ruhend die Hand — stumm das Instrument?

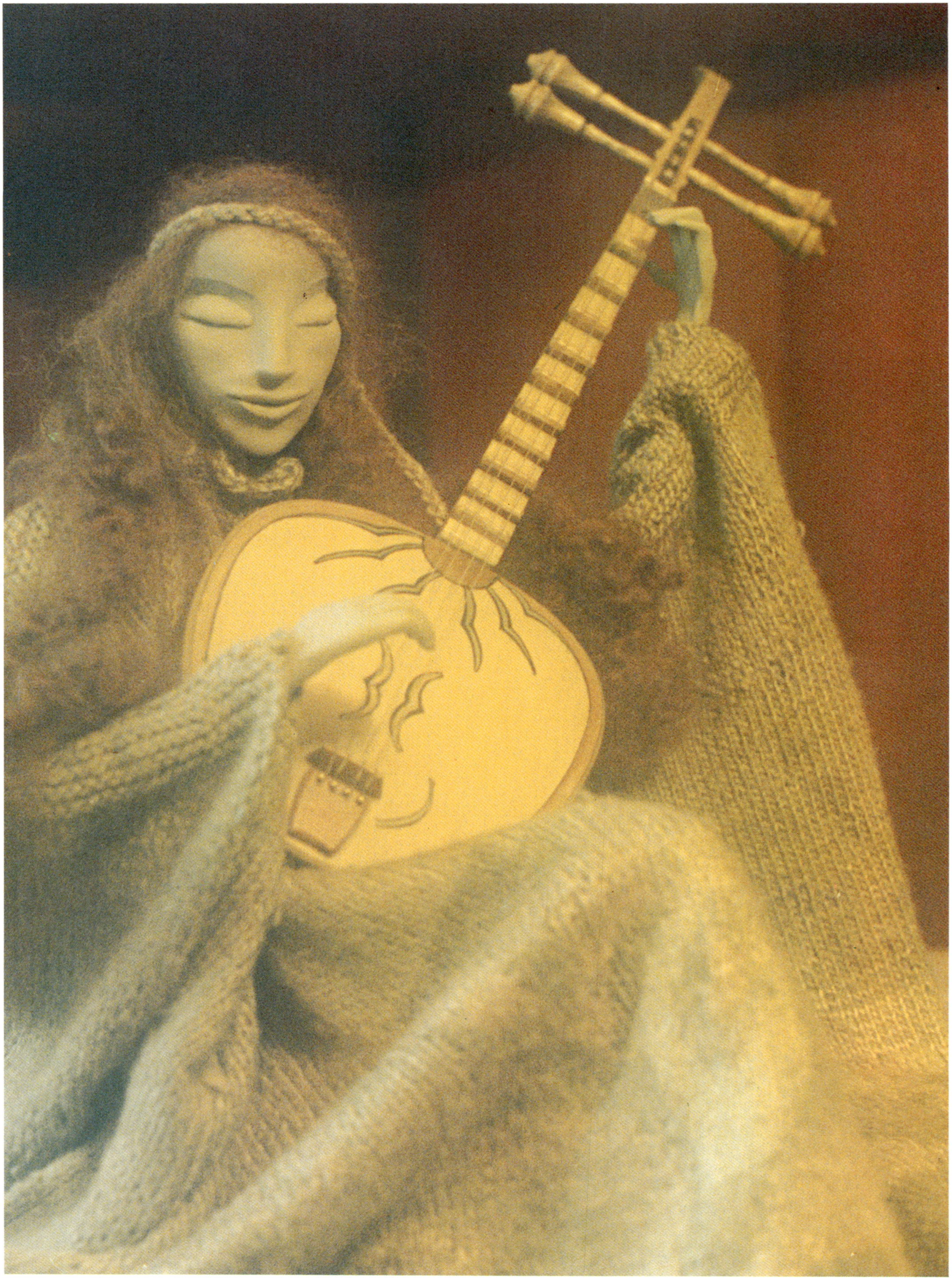

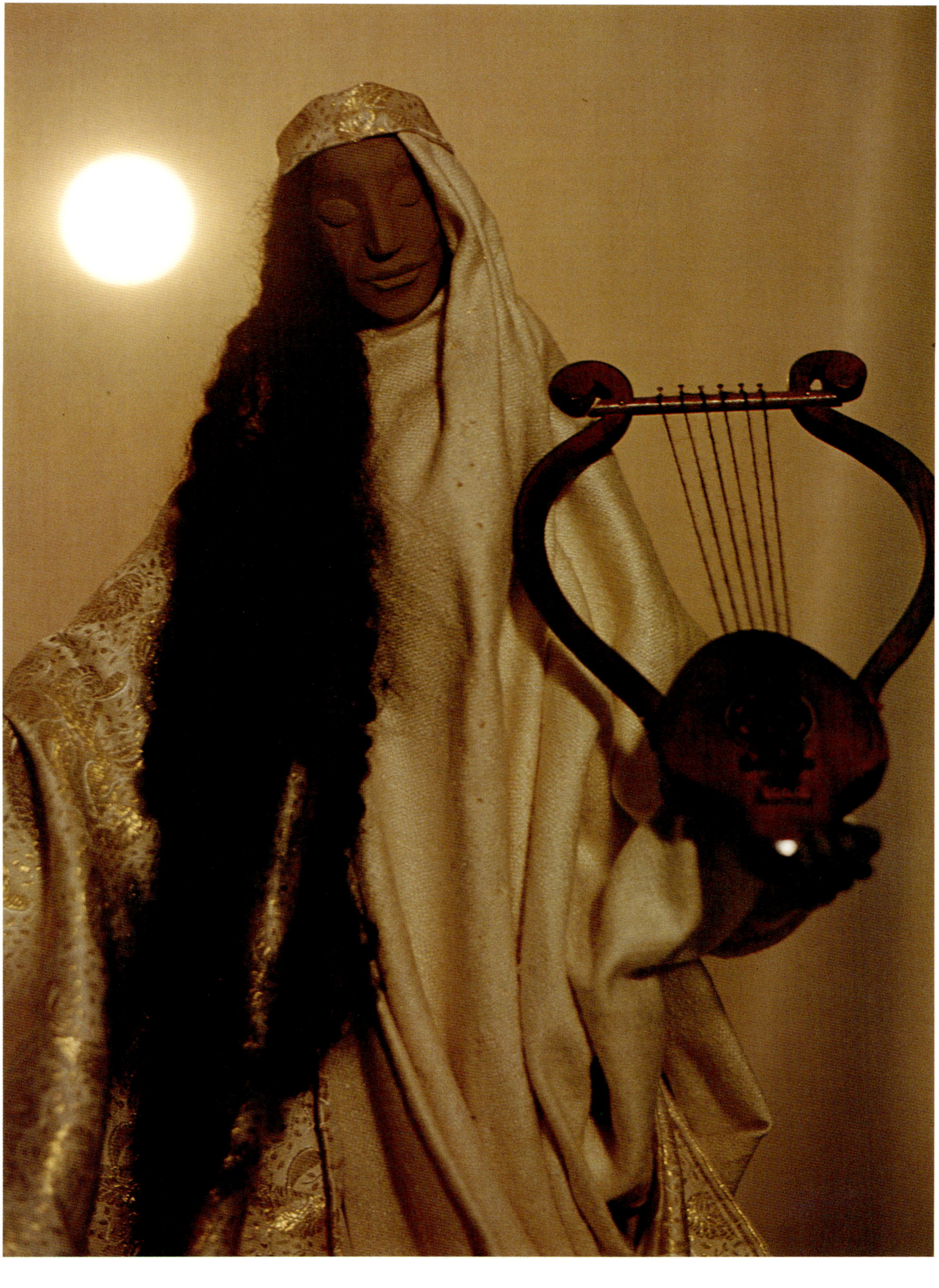

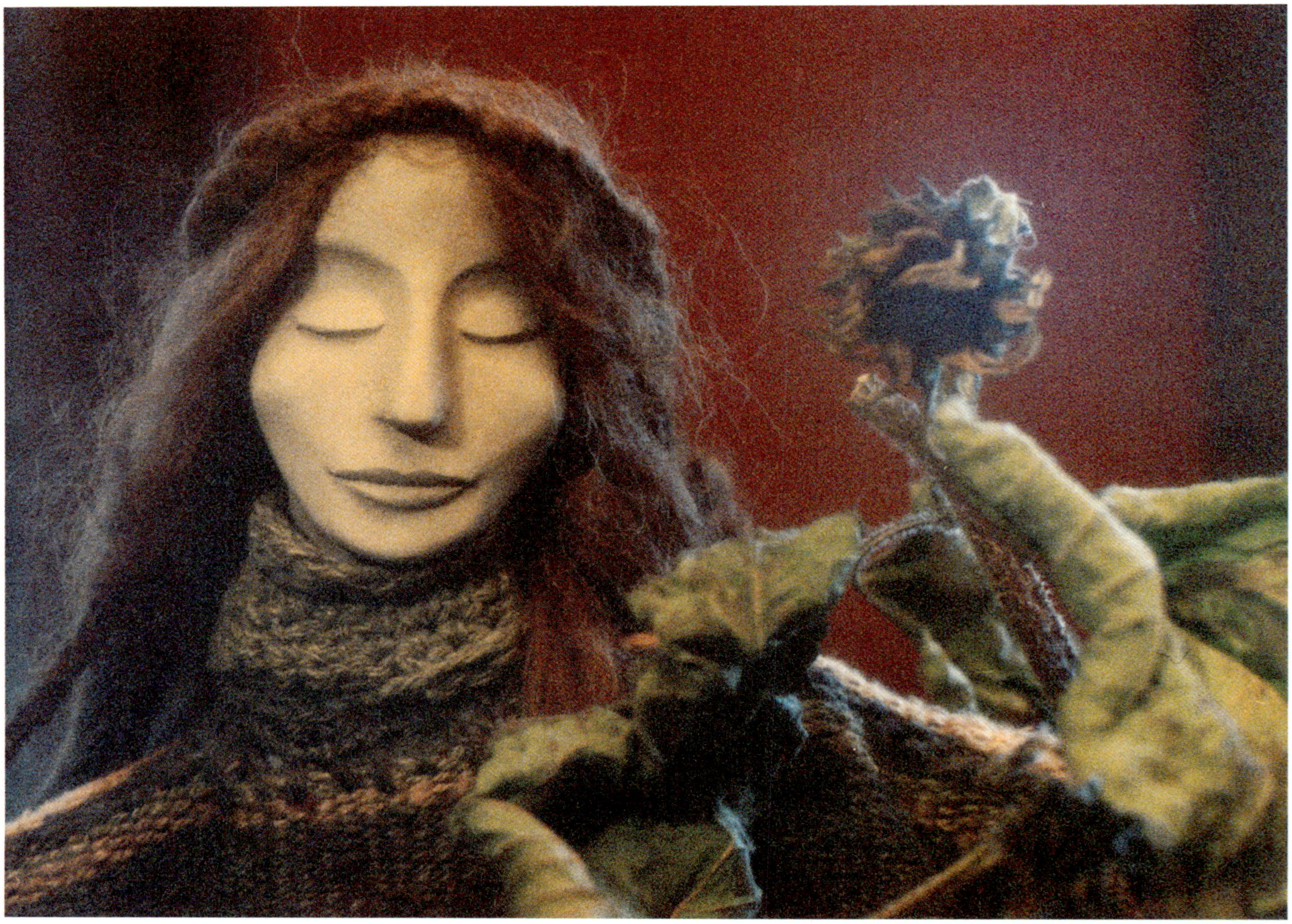

Die Kraft

Die Kraft
Sie ist fern von Macht und Gewalt
Bewirkt Bewegung ohne Lärm
Und hält nicht fest an Worten

Die Kraft
Sie erwächst aus der Stille
Stille ist da wo Verstehen
Und Verstehen kommt aus dem Sein

Die Kraft
Sie ist frei von der Zeit
Bindet sich an keinen Ort
Und verkörpert nicht die Dinge

Die Kraft
Sie schöpft aus sich heraus
Ruhend in sich selbst
Und selbst ist das Sein allein

Die Kraft
Sie liegt vor dem Beginn
Reicht über das Ende hinaus
Und erschafft so den Beginn
Die Mitte wie das Ende

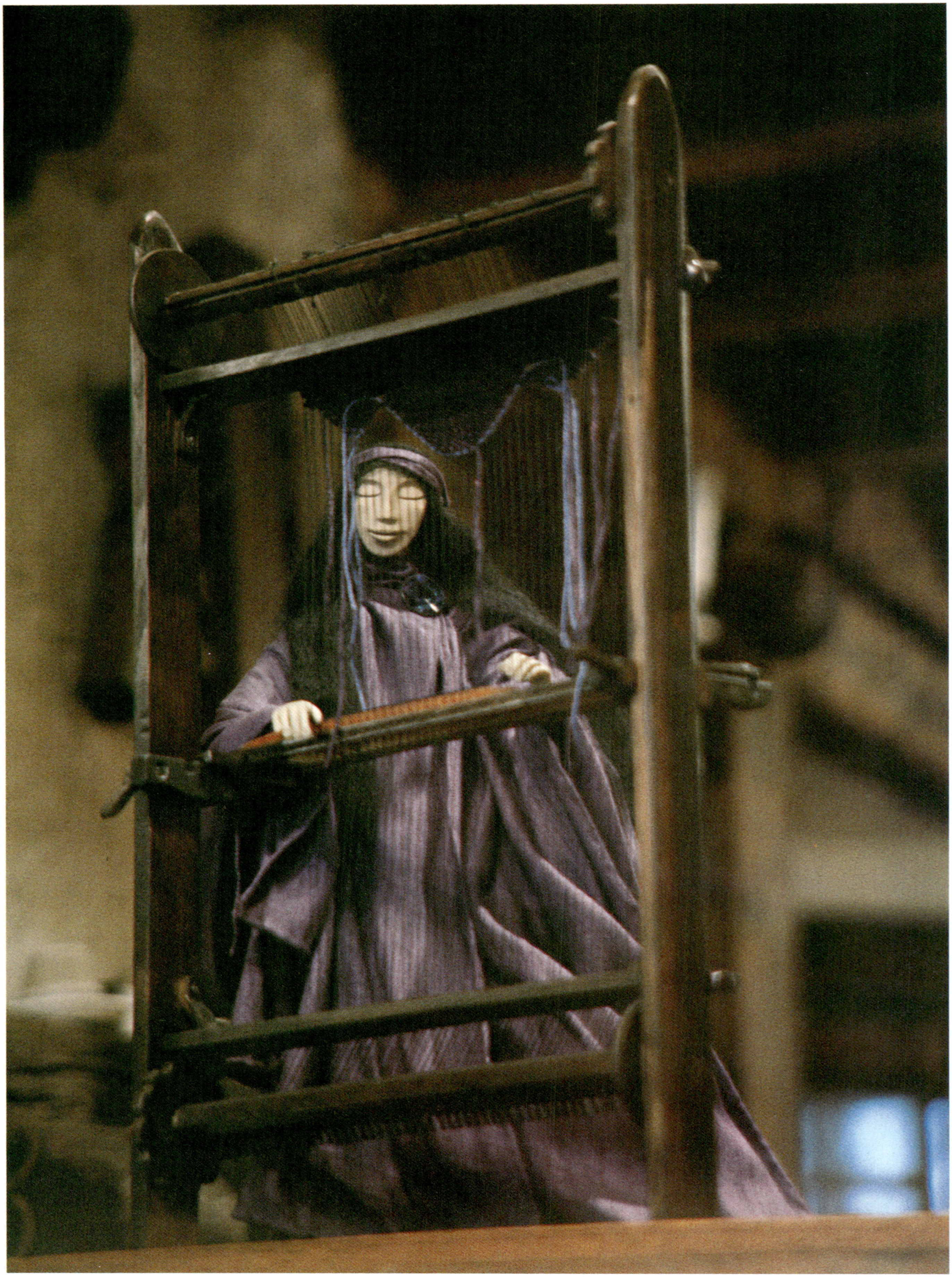

*... da war dein
Gesicht
und keiner blieb
mit sich allein ...*

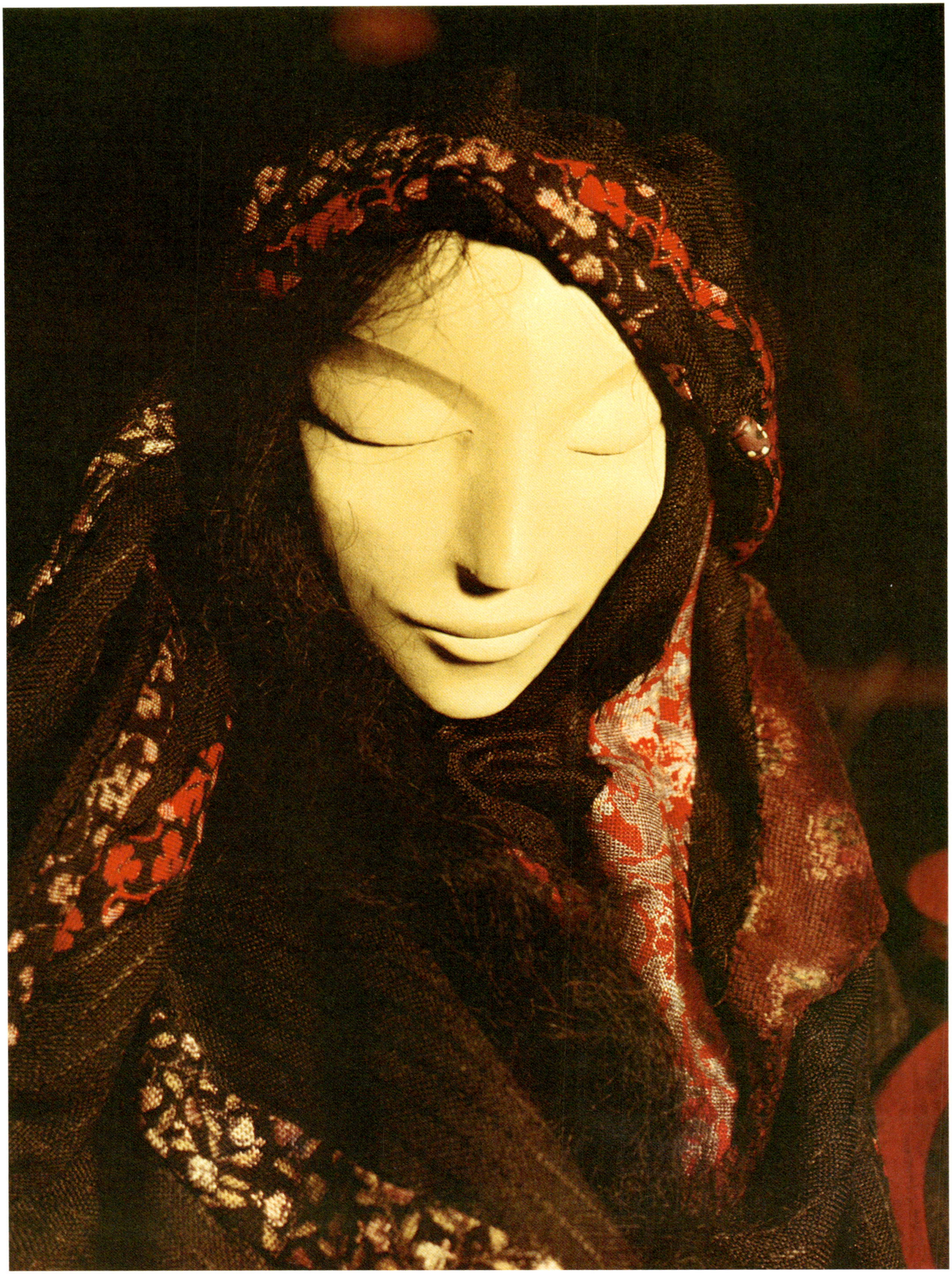

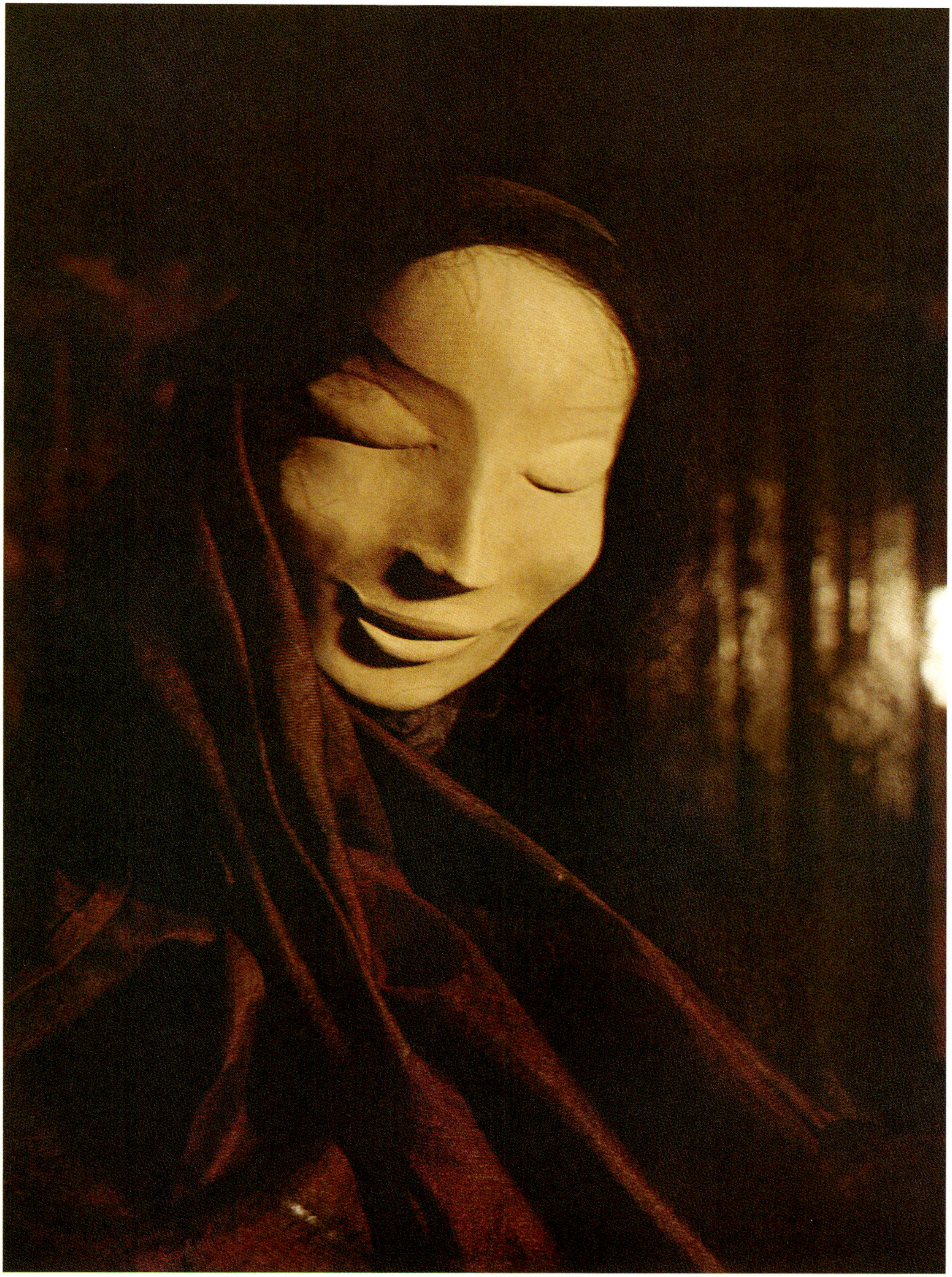

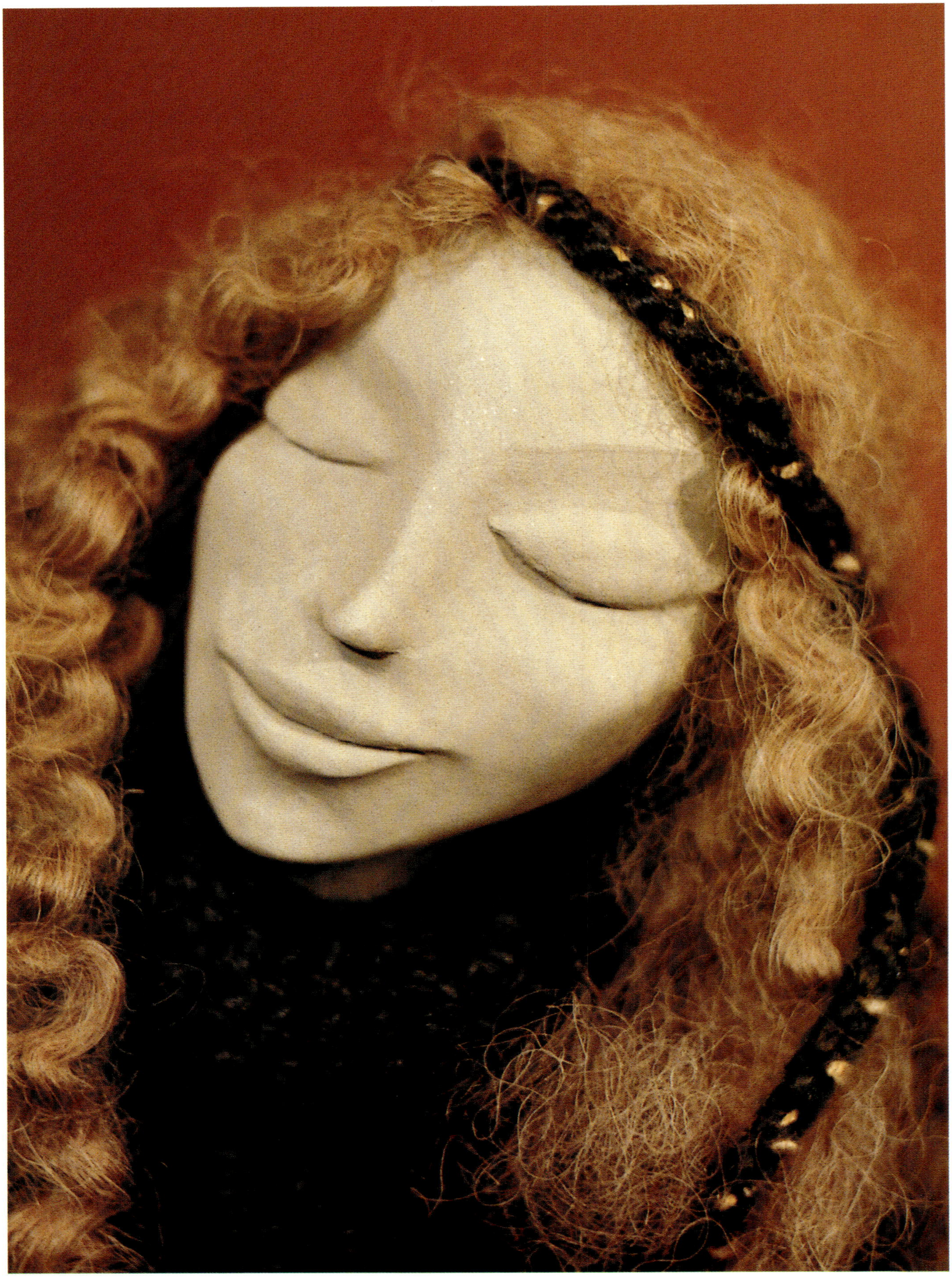

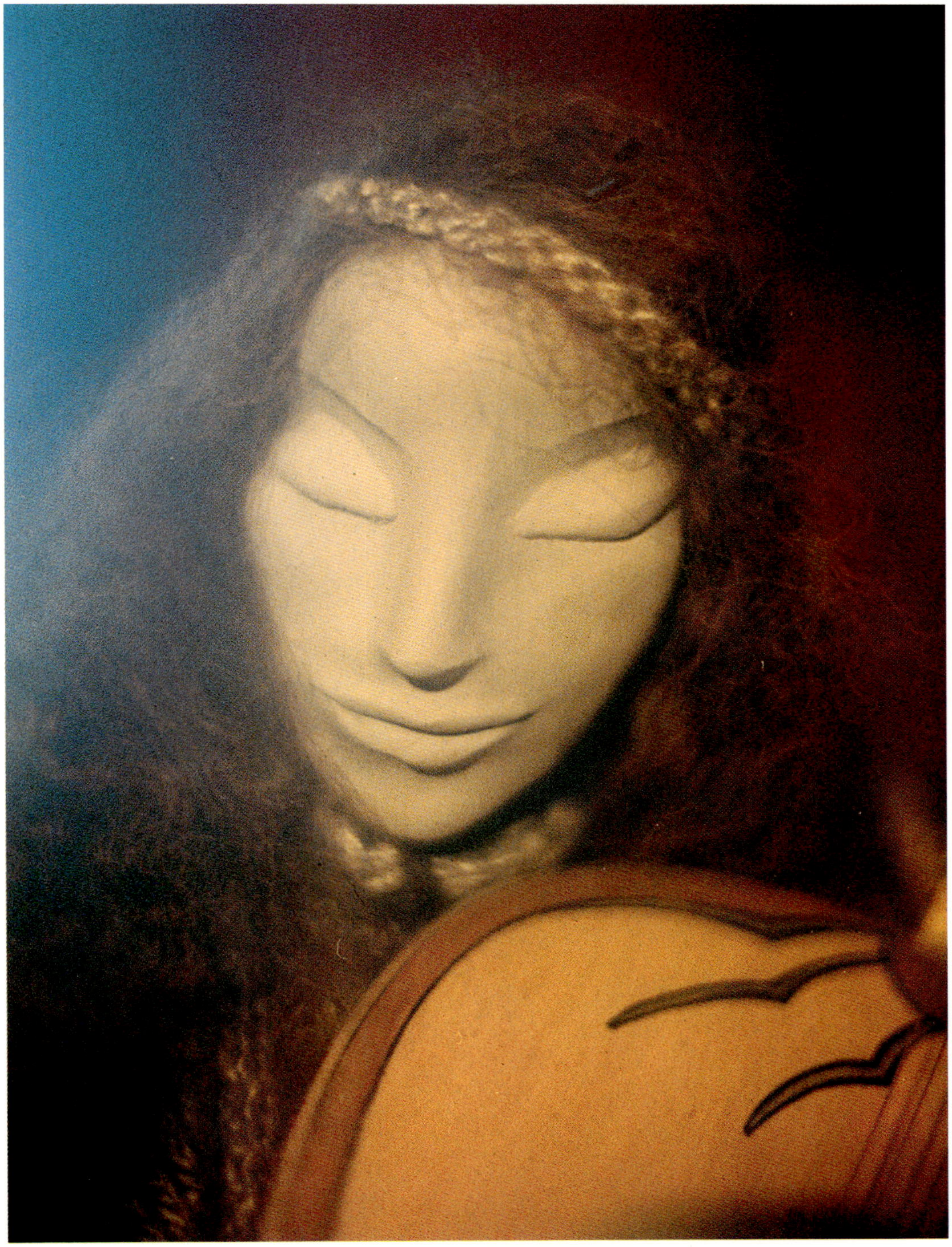

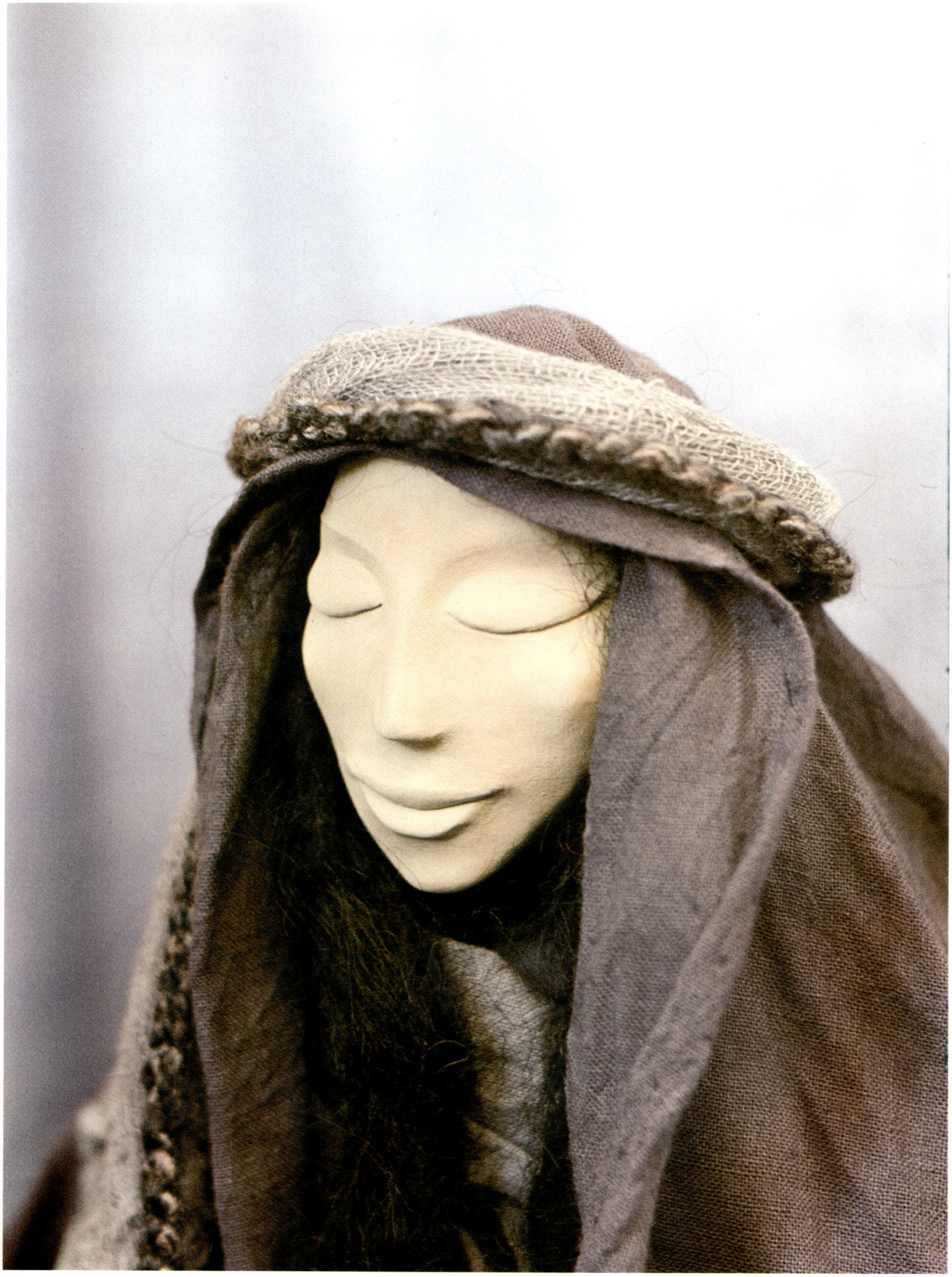

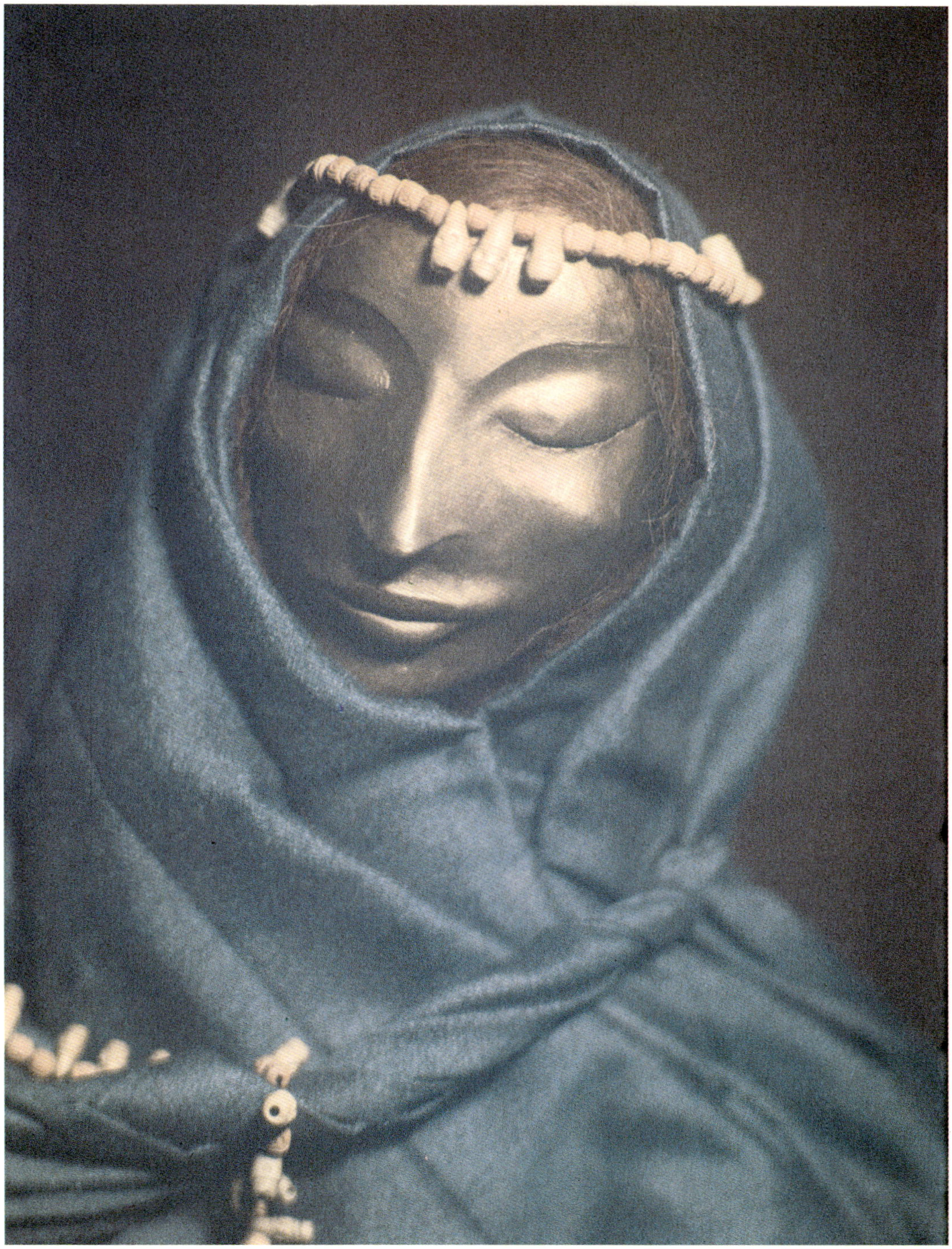

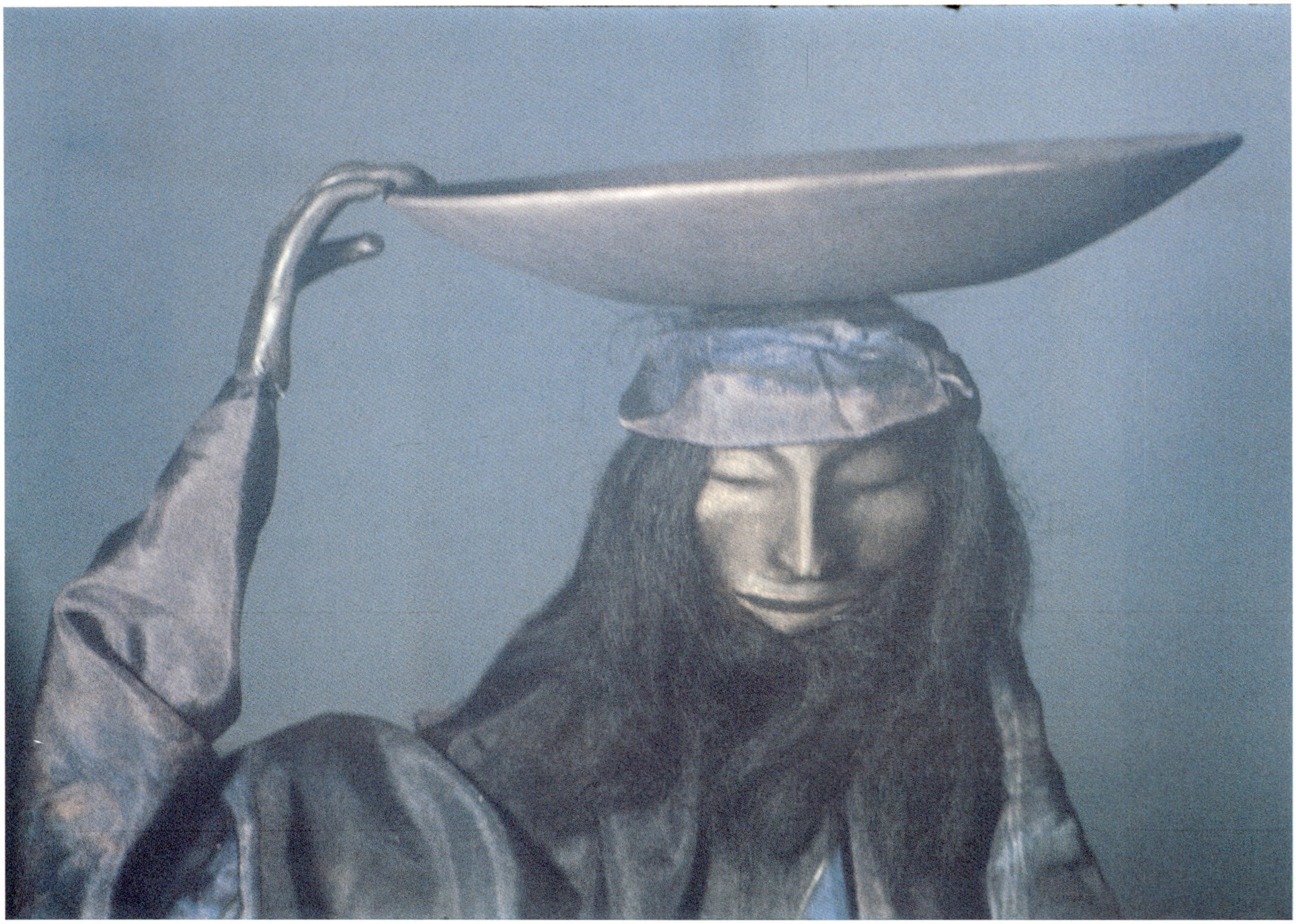

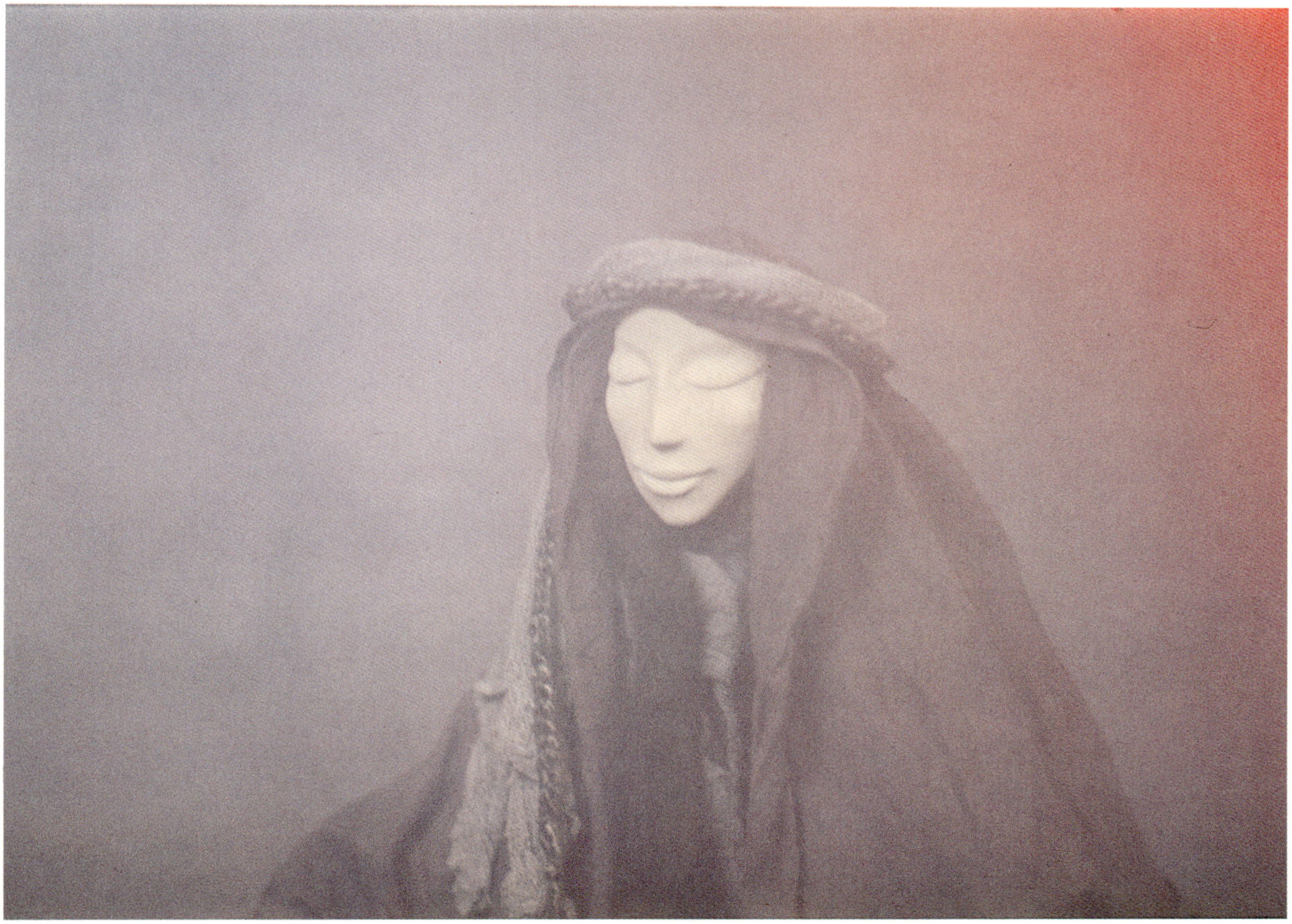

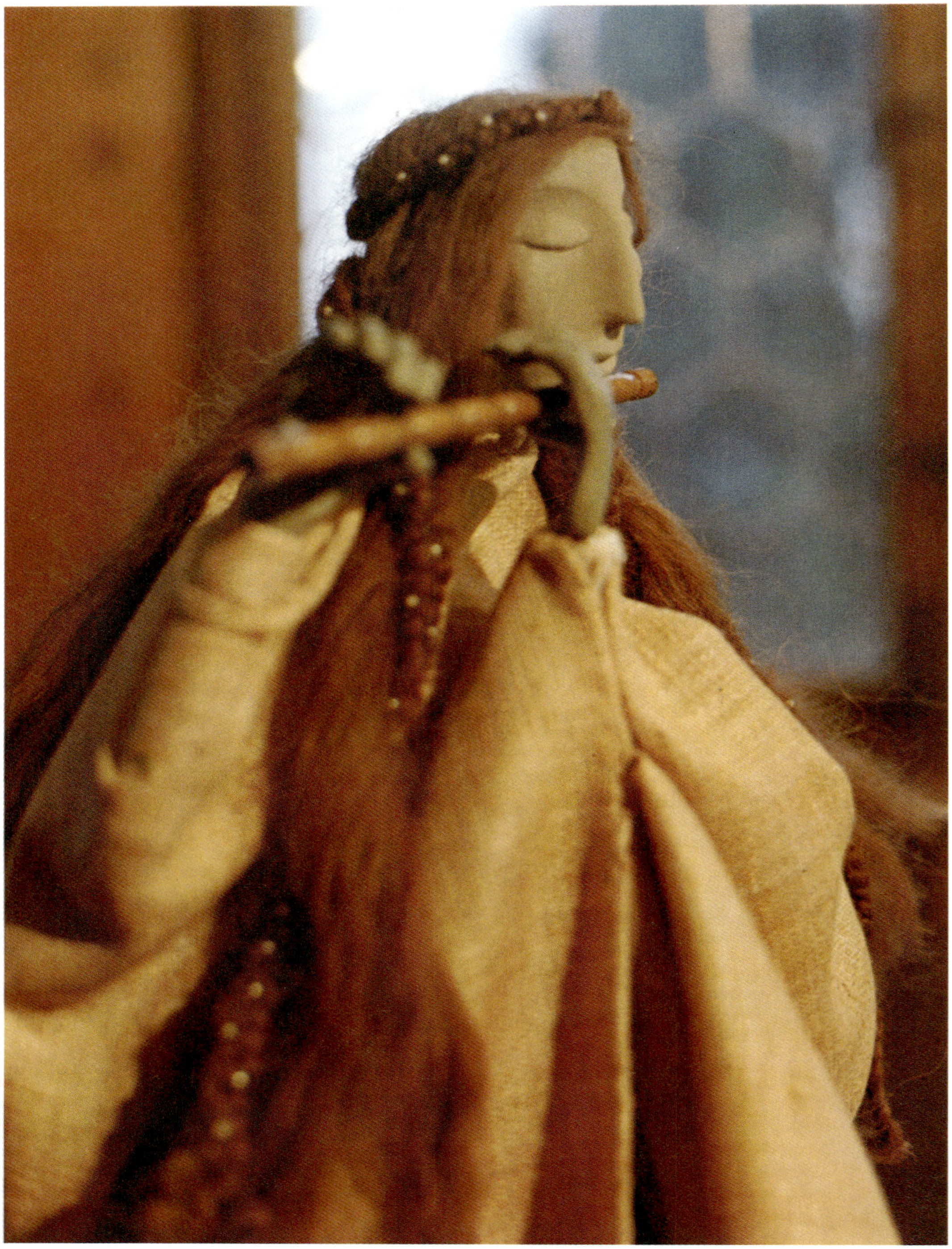

Lied an den Mond

Kupferrot und rund
öffnet, lautlos steigend,
der volle Mond
die erste Stunde
aus dem Buch der Nacht.

Unmerklich versinkt
ein schwarzblauer Abend
hinter Silhouetten; tiefschwarz
die Wellen laubloser Kronen
schweigender Hügel im Westen.

Rauch über spätem Feuer
hält unschlüssig die Bewegung an;
verzieht sich dünn und weiss
zu langen bleichen Streifen
aus feuchten frischen Nebeln.

Mattes Gold fällt,
Licht aus fernen Fenstern,
dahinter erspürt der Einsame
Behagen und Wärme, Gesichter
und wohlvertraute Worte.

Einzeln stehen Bäume, sie ziehen
Schattenspuren über die Wirrnis
falber tiefgeknickter Halme.
Tautröpflein verraten
die wartenden Netze der Spinne.

Unmerklich haucht kühl
der Wind vom nahen Berge,
berührt ein schwarzes Blatt.
Das pendelt durch Zeit und Stille
allein am hohen Ast.

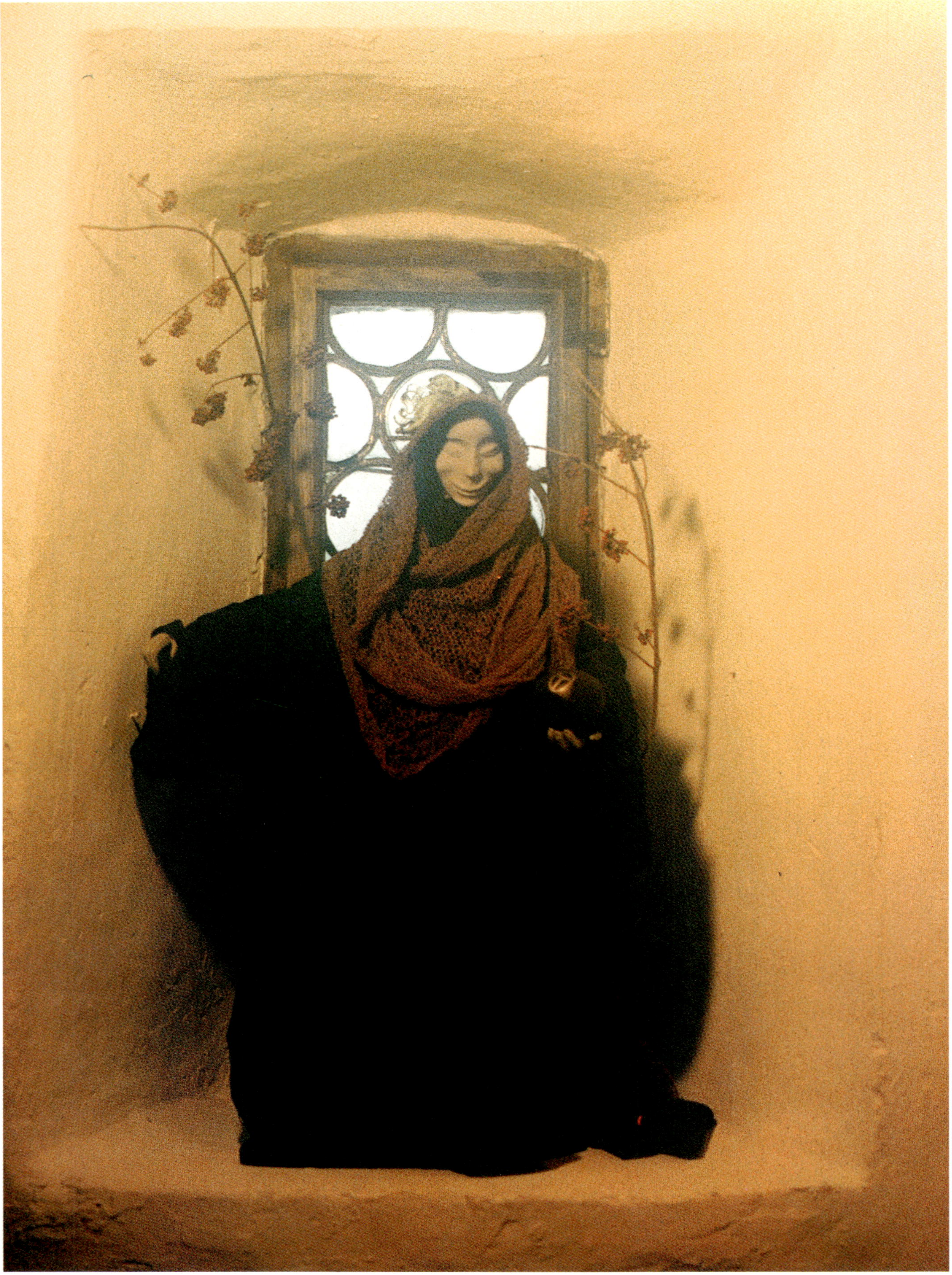

Sein

Sein

Sein ist Sein
Füge
nichts
hinzu
Sein ist Sein